1、郑州市 2022 年社科联基金项目，编号：0531，项目名
　　发展路径研究"。

2、首届河南省职业教育和继续教育课程思政示范项目《旅游策划实务》。

3、2021 年河南省软科学研究计划项目，编号：182400410470，项目名称《基于
　　全域旅游背景下河南乡村旅游发展研究——以河南嵩山为例》。

4、郑州旅游职业学院 2021 年度校级重点科研基金项目，编号：2021-ZDXM-08，
　　项目名称《新媒体时代下"老家河南"旅游品牌传播路径研究》。

旅游产业与文化产业融合发展研究

李　俊 / 著

吉林人民出版社

图书在版编目(CIP)数据

旅游产业与文化产业融合发展研究 / 李俊著 . -- 长
春 : 吉林人民出版社 , 2022.8
ISBN 978-7-206-19468-9

Ⅰ . ①旅… Ⅱ . ①李… Ⅲ . ①旅游业发展 – 关系 – 文
化产业 – 产业发展 – 研究 – 中国 Ⅳ . ① F592.3 ② G124

中国版本图书馆 CIP 数据核字 (2022) 第 204729 号

旅游产业与文化产业融合发展研究

LÜYOU CHANYE YU WENHUA CHANYE RONGHE FAZHAN YANJIU

著　　者：李　俊
责任编辑：门雄甲　　　　　　　　　　　封面设计：吕荣华
吉林人民出版社出版 发行（长春市人民大街 7548 号）　邮政编码：130022
印　　刷：三河市华晨印务有限公司
开　　本：710mm×1000mm　　　1/16
印　　张：8.75　　　　　　　　　　　　字　　数：150 千字
标准书号：ISBN 978-7-206-19468-9
版　　次：2022 年 8 月第 1 版　　　　　印　　次：2022 年 8 月第 1 次印刷
定　　价：68.00 元

如发现印装质量问题，影响阅读，请与印刷厂联系调换。

　　现如今，旅游产业与文化产业的全面融合已经成为这两个产业转型升级的重要途径。进行产业融合，不仅有助于充分发挥文化对旅游业发展的引领作用，形成绿色发展方式，还能充分发挥旅游对文化的传播作用，有利于促进社会主义文化的繁荣兴盛。

　　可以说，文化是旅游的灵魂，旅游是文化的载体。一方面，文化对旅游业具有促进作用。文化通过辐射与渗透效应，可以提升旅游资源的品味，增强旅游的精神内涵，赋予旅游产品差异性，使旅游变得丰富多彩，给旅游者带来更好的体验，为旅游地注入新的活力。同时，提高旅游从业人员的素质，有助于形成先进的旅游企业文化，有助于促进旅游业的可持续发展。对文化的有效利用还可推动旅游产业的优化升级，提升旅游产业的竞争力。另一方面，旅游也能推动文化产业的发展。旅游通过引致效应为文化的交流和传播提供平台，为文化资源的开发提供载体，有利于深入挖掘和优化文化资源，实现文化产业的市场化和规模化，促进文化"保护 – 开发 – 再保护"的良性循环。此外，旅游与文化的有机结合还可以丰富文化的内涵，提升文化的价值，使文化焕发出独特的地域魅力。因此，旅游与文化是相互依存、相互促进的。

2022 年 1 月

目 录

第一章　初识旅游与文化

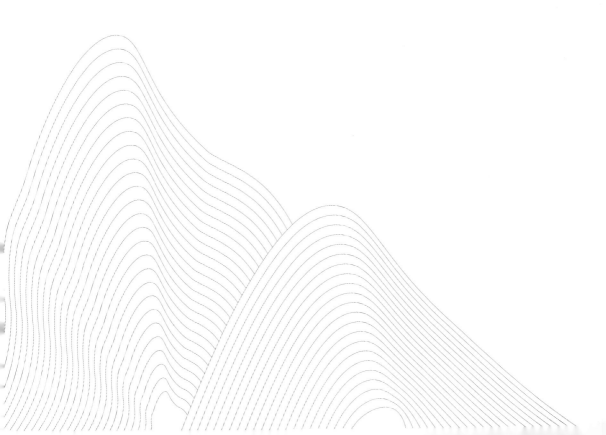

第一节　旅游与旅游产业

一、旅游业与旅游产业的内涵

旅游业与旅游产业从本质上将是两个完全不同的概念，如今的众多研究不但没有将两个概念严格区分，而且将两者看做是同一概念。在这样的认知下，学者们对旅游产业或者旅游业的划定模式一般是从游客需求的视角出发，指出旅游产业或者旅游业是以游客为主要服务对象，为他们的各项旅游活动提供便捷条件并能提供他们所需要的各项服务与商品的综合性产业。

与认为旅游产业与旅游业内涵一样的学者不同，一些专家指出旅游产业与旅游业存在一定的差异性，然而这部分专家学者对于两者的关系与概念的认知并不相同。其中，王兴斌指出，旅游业主要是直接为游客提供住宿、交通运输、观光度假、康乐服务、购物，以及为以上服务直接或专门提供智力支持、中介服务、人力的部门、行业、企事业单位（旅游网站、旅游研究规划机构、旅游院校、旅游宣传出版部门）；旅游产业主要是旅游行业，即以"行、住、食、娱、游、购"为关键环节的链条行业，以及为旅游行业提供信息、物质、文化、人力与智力支撑及服务的部门与行业，旅游产业不光包括第三产业的众多部门与行业，同时也包括和旅游业息息相关并为旅游业给予非物质、物质支撑与供应的第一产业和第二产业的部门与行业。

谢春山等人将旅游产业定义为旅游关联产业与旅游业的总和。其中，旅游关联产业主要是指提供确保旅游业正常运转的软件（文化、人力、信息、管理等）以及硬件（各类配套设施）的综合产业；旅游业是由诸多提供核心旅游产品以满足旅游消费者需求的旅游企业的集合，具体包括旅游餐饮行业、旅游商品经营业、旅游交通运输业。

与以上两位专家的观点有所不同，罗明义认为旅游产业可以从三个层面进行概括：第一个层面指旅游主要部门，是指向游客提供与旅游相关的服务与产品的部门与行业，具体包括旅游景观业、旅游住宿业、旅行社业、旅游服务机构以及旅游运输业；第二个层面指旅游发展需要部门支撑，这里涉及到部分产品服务的部门与行业，主要包括零售业、公共交通运输业、餐饮服务业和文化娱乐业；第三个层面主要指与旅游有关的部门与行业，即旅游产业发展本身需要的以及旅游能够带动发展的部门与行业，虽然这一层面的旅游产业的发展不一定要依赖于产业而发展，但是其发展水平及规模对于自身的可持续发展具有不可替代的作用。旅游业主要是指第一层面的内涵，即以往被大家所熟知的旅游产业。

综上所述，可以发现：首先，学者对旅游业与旅游产业内涵的确定一般以游客需求为出发点进行分析，并且通过旅游经济活动以及旅游相关性角度总结旅游产业的界限；其次，他们还指出旅游产业的范畴包括旅游业，并且认为旅游产业的核心部分是旅游业。

徐丽霞与师守祥不赞同以上说法，他们从多个视角进行反思：第一，从修辞逻辑视角出发，加入产业二字并不等同于旅游业内涵的扩充；第二，既然承认旅游业是一个产业，那么旅游产业就应该具有一定的经济属性，而不应在经济属性之外探讨其经济问题；第三，对于旅游产业的分析不应从能否促进旅游活动发展、是否与旅游活动有关为依据，而应将旅游活动是否具有依赖性作为判定标准；第四，现行的有关旅游的概念令旅游业出现产业边界模糊和"泡沫化"的现象，只有从国家经济发展角度考虑其范畴，有关旅游经济的研究才能获得真正意义上的认可；第五，从定义上看，旅游业包括旅游事业与旅游产业，其中旅游事业不以盈利为唯一目的，具体包括教育、政府等非营利部门；而旅游产业恰恰相反，它主要指以销售和生产为目的的活动总和，涉及到的部门均为盈利性机构，其目的是通过为游客提供相关的服务而从中获利。以上说法表明，其一，旅游业的范畴应该大于旅游产业，甚至包含旅游产业；其二，旅游产业范围的界定必须与经济学相关规定相符，即从供给视角来看，旅游产业由旅游销售业、旅游资源业以及景观业共同构成。

实际上，倘若从产业关联角度或是从旅游消费者需求出发定义旅游产业，旅游产业的确是一个涵盖范围广且跨界行业众多的经济系统。从其行业布局的视角进行分析，在众多非商业性或商业性行业中均出现该经济系统，尤其是餐饮业、公共管理、个人与社会服务业、零售与批发业、通讯与仓储业、经济与承租活动行业、交通业、不动产业，通过以上几大独立行业间的相互联结与作用，满足游客的众多需求。

然而，从以上视角对旅游产业结构进行分析，在不是绝对封闭的系统环境下，其产业内容几乎囊括所有，没有边界，这方面不仅被旅游学术界所非议，还直接影响着旅游经济学术研究结论的权威性和外界的认可度。事实上，若是从较为广泛的视角对旅游产业进行分析，其有关研究结论的可行性几乎没有。不过，如果从经济学角度即供给角度划分旅游产业的范围，与其关联的服务与产品的同一性要求不但无法满足，游客以及当地居民在旅行社、旅游资源业以及景观业当中的所有消费也难以分辨清楚，而且相关研究范围有过于狭窄的嫌疑。

综上所述，本书对师守祥等人的旅游产业研究结论较为认同，旅游产业范畴应该以游客对于旅游活动的依赖程度进行界定，并且指出旅游产业是关于销售与生产的经济学范畴，主要体现在它是营利性行业的集合体。然而与旅游相关的一系列行业及不以营利为目的的旅游事业都属于旅游业的范畴。依据以上理论可以断定，在具体研究中，本书依据世界旅游相关机构推荐的旅游卫星账户框架确定旅游产业的含义，也就是将旅游产业划入旅游特征产业的范围。旅游特征产业主要指带有旅游性质的服务与商品的产业，这些都以游客需求为出发点，若没有游客的需求，该产业将会出现大范围的衰退。应根据我国现行统计体系以及产业分类体系实施的实际情况，再结合何建民对旅游产业发展情况的详细解读，并以旅游目的地、旅游社、旅馆作为研究中心的旅游特征产业，在大量数据的支持下，在与旅游相关的行业范围内尽可能地扩大研究范围。

二、旅游的功能

旅游是个体为获取身心愉悦以及满足审美需求所采取的一种行为方式，其本质特性是暂时性和异地性，它们影响着旅游的功能内容。具体地说，旅游业的发展给社会层面、文化领域及经济领域带来的影响称为旅游功能，其中包括文化交流功能、经济功能、情感与教育功能。

（一）文化交流功能

游客来到陌生环境受到影响后必然会感受新的文化融合过程。大家借旅游与当地居民进行交流，从而增进彼此间的感情。

人们往往通过旅游促进各国间的文化交流。我们可以从众多历史文献记载中看到旅游对于人类文明发展与进步起到的推动作用，比如鉴真东渡。意大利著名的旅行家马可波罗来到中国，历经十余年，走遍中国大好河山，并著有

《马克·波罗游记》，这本书让欧洲等国家认识中国、了解中国并激起他们探索中国的热情，搭建起中西方文化交流的桥梁。随着旅游活动的产生与发展，游客与旅游目的地之间的文化差异在不知不觉中互相作用与影响，而游客对当地文化与生活方式的影响巨大。

20 世纪 80 年代，世界旅游组织通过的《马尼拉宣言》指出："旅游在国际关系和寻求和平方面，在促进各国人民之间的相互认识与了解中，是一个积极的现实的因素。"旅游是一种可以促成人与人之间社会交往的活动，在这个过程中，国与国之间的文化交流不仅可以促进，还有利于彼此间关系的融洽。

（二）经济功能

旅游是一种涉及面较广、规模较大的社会活动，其中包括众多的行业与部门。如果离开这些行业以及部门的支撑，旅游相关活动将无法开展。这些部门的参与必然会促成经济活动的产生，从而使旅游业具备一定的经济功能，这主要体现在拉动当地居民收入和促进企业发展等方面。

具有经济功能的旅游企业包括旅游商店、旅游景点、住宿接待、旅行社、旅游车船公司。以上这些旅游企业在配合旅游行业发展、为其提供相关硬件和软件支持的同时，也会从中完成企业自身的发展。

（三）教育与情感功能

旅游作为一种特殊的行为方式，既能开阔游客的视野，又能丰富其在艺术、历史、文学等领域的知识含量。"读万卷书，行万里路"这句话充分说明，旅游能够促使人们才情与学识的增长。

明代著名旅行家、地理学家徐霞客，结合自身 30 多年的旅行经历撰写出《徐霞客游记》。此书不单是一本优秀的旅行游记，更是一本关于我国地质地貌的科学著作，书中对我国特殊环境下的地貌特点进行了详尽的描述，可以说为世界地理学的发展做出了突出贡献。旅游可以满足人们"求异、求知、求乐、求新、求奇"等心理层面的需求。游客需明确旅游目的地及在旅行出发前要进行一系列的准备工作，包括衣食住行方方面面，可以说这也是一个自主学习的过程。当游客来到旅游景点感叹祖国大好河山时，也能从中感受到深厚的文化内涵，以及历史古迹与传统艺术带给他们的震撼感受。

旅游过程中还可以对游客进行道德教育。旅游活动是一种公共行为，乘坐车船有利于培养人们遵守社会公德，遵守人际交往准则。比如：在景区乘坐缆车时需要排队买票并逐一进入候车室，这个过程不可插队或者互相推搡。旅游能让人们在欣赏优美风光、感受大自然的同时，体会我国悠久的历史文化与现代化建设的新成就，进而激发游客对祖国的热爱之情。

三、旅游产业的特征

（一）旅游产业的综合性

旅游产业衍生出的服务和商品是社会各行业部门间相互作用的产物，它集合了众多内容。可以说，旅游产业既涵盖了诸如卫生、邮电、园林、教育、文化、金融、海关等非物质生产部门，也涵盖了与国民经济发展相关的行业，诸如建筑业、轻工业等方面的物质生产部门。与此同时，还涵盖一些旅游行业的从业机构，如：旅游交通业、旅游餐饮业、旅行社。不同部门在不同领域为旅游业提供相应的服务。不同部门与行业之间相互依存，互为补充，共同满足游客多样化需求，确保旅游行业的顺利发展。因此，旅游产业是一个需要多环节配合的行业，其综合性较强，具有多方位、多层次、复杂性、网络状的特性。

（二）旅游产业的关联性

旅游产业将社会众多行业与部门联结在一起，带动并依托于相关产业。可以说，旅游产业对其他产业的依附属性较强。旅游产业的发展必须依托于相关产业，也就是一定的旅游资源，只有这样才能吸引大量游客前来旅游消费。因此，旅游目的地的国民经济发展水平直接影响旅游接待地的服务水平。旅游产业的依附属性决定了它的发展必须要与有关部门、企业、行业进行统筹规划、协调发展，否则当地旅游产业的发展无法在经济效益和社会效益方面取得好的成效。与此同时，旅游产业还具有一定的带动性。它的发展能够促进旅游目的地的建筑、文娱、园林、公路、航空、水路等领域不同程度的发展，还会带动当地生活与生产综合环境的改变。总而言之，旅游产业在优化投资环境、促进地区经济发展等方面具有不可磨灭的推动作用，这也是经过实践检验后得出的结论。

（三）旅游产业的季节性

旅游产业具有一定的季节性特点，气候变化会对当地自然资源产生一定的影响，从而导致客流量出现不稳定现象，由此产生了淡季与旺季之分。

当旅游景区处在淡季时，景区的设施就会被闲置，这就涉及到大量的维护问题。但是当旅游景区处于旺季时，又会出现设施设备无法满足旅游需求的现象，总之，景区的淡旺季一直是困扰旅游产业的一大难题。

四、旅游产业结构

（一）产业结构

20 世纪 40 年代产业结构概念出现，主要可以从两个角度对其进行理解：其一，将产业结构理解为不同产业在一般经济活动中逐步形成的某种与经济相关的联系，以及由此呈现出的比例关系。它通常表现为产业与产业之间，产业内相关行业彼此在经济活动中形成的一种复杂且广泛的密切关系，可以说，任何一个产业或者是行业的发展，都与其他行业或者产业息息相关。它们作为社会发展的因素之一，无法脱离群体而独立存在。彼此为对方提供经济和技术支持，从而生产出新的产品，这种新产品再用来服务其他行业与产业的发展，这也是社会发展规律的体现。其二，产业结构主要表现为部门内部各生产要素之间的比例关系或分配与构成方式。一般而言，中间要素投入结构、产业固定资产结构以及产业技术结构是其三种主要的构成方式。

在产业经济发展中，大多数人认为产业间的联系方式与技术经济联系形成产业结构，并且将这种联系从两个视角进行分析：一个是"量"，另一个是"质"。首先从"量"的角度分析，它是通过数据向人们展示某一特定时段内各产业之间的联系及联系方式在经济活动中占的比重，即产业之间"产出"与"投入"的比例关系，进而演变为关联理论；其次从"质"的角度进行分析，它是动态反映经济活动中产业间各要素联系方式的发展趋势，进而阐明社会经济活动中各产业占据的地位及其发展规律和相应的"结构"效益，进而演变为一种非广义的产业结构理论。关于"量"可以从三个角度进行考察：其一是三次产业的内部构成；其二是国民经济中三次产业的构成；其三是三次产业内部的行业构成。关于"质"的的关系能从两个角度进行考查：其一是国际竞争力与规模效益；其二是附加价值高低、资本集约度、高新技术产品产值、加工深浅度占该产业总产值的比重。总而言之，广义的产业结构理论是由狭义的产业结构理论与产业关联理论共同构成的。

在对产业结构进行分析时，产业布局与产业组织是关系较为紧密的概念，但究其内涵仍存在差异。其中，产业组织是指制造同类产品的企业在相同市场上集合而成的相同产业内部不同企业间彼此关联形成的关系结构，此结构对产业内部企业竞争力与企业规模经济效益之间的平衡起着决定性作用。产业布局是指某个地区与国家在一定空间范围内的产业生产力的布局与组合，产业布局是产业结构的空间呈现，其是否科学直接影响着该地区或该国家的经济发展速度以及经济发展趋势。除此之外，与以上概念相关的概念还有所有制结构、产品结构以及市场结构，大多数人认为广义的产业结构内容即产品结构，而产业组织方面的内容则是指市场结构。

（二）旅游产业结构

如今关于旅游产业结构内涵的设定，主要是基于产业经济学领域有关产业结构定义的基础上形成的，具体来说，旅游产业结构表现为产业内部各要素间的联系及各自所占比重大小。然而，旅游学界关于旅游产业定义的界定仍然存在分歧，故对其产业结构范围的划定同样无法达成共识。当研究人员从旅游系统视角、产业关联及游客需求的角度了解旅游产业时，大多会从旅游经济结构的视角划定产业结构范围，具体包括旅游产品结构、旅游产业地区结构、旅游产业行业结构等范畴。如果从游客对旅游活动的依赖性视角对产业范围进行划定时，就会将旅游行业结构与旅游产业结构混为一谈，并且将旅游产业结构定义为以行、住、食、娱、购等为核心的各大行业间的要素联系与所占比重大小。与此同时，也有部分学者将狭义的旅游产业结构定义为旅游行业结构，并把广义的旅游产业结构划定为经济结构。

基于徐丽霞及师守祥将旅游产业纳入国民经济体系的提议，还有关于"旅游产业在经济领域的表现并无独特性，只是产品的交换与生产，过程也主要是原料的加工、获取、销售"的观点，本书更加侧重于通过分析游客对旅游的依赖性界定旅游产业的定义，并且将旅游产业结构解释为专为游客提供旅游相关服务与产品的产业内部不同行业间的要素联系以及比重关系，尤其是旅游核心特征产业间的各要素占比情况和往来关系。与此同时，考虑其经济体系的开放性，可以说，旅游产业结构定义也应该包括产业与产业间的要素联系与比重关系。

第二节　文化与文化产业

一、文化的概念

文化最早源于拉丁文"cultura"，有养育、动植物栽培、耕种等含义。19世纪70年代，英国《原始文化》一书首次对文化进行了详尽的论述，书中提出文化是一个相对复杂的研究对象，它涵盖社会生活中的方方面面，其中有艺术、信仰、法律、道德、知识以及人类在社会生活中形成的各种风俗习惯。此书在19世纪80年代对文化的发展阶段进行了概括总结：狩猎采集或者未开化阶段；种植植物以及驯化动物为主的阶段；以书写艺术作为开始的阶段。这之后又涌现出众多关于文化内涵的观点。其中，美国人类学家曾就1871～1920年间出现的文化定义进行归纳，结果仅为6种说法。然而到了20世纪50年代，这一内涵的界定结果已有164种。直到今天，文化的内涵已经高达200多种。以下是本书就相关文化定义进行整理后得出的7种典型说法：第一种，历史性的定义，比如伯吉斯与帕克将其定义为某社会群众共同生活形成的遗传结构的总和，然而这些社会遗传结构又会受到时代与种族特征的影响获得一定的社会意义；第2种，结构性定义，1929年威利将文化定义为一个相互依赖又相互联系的能够反映某一群体行为习惯的系统；第3种，描述性定义，1871年，泰勒认为文化是一个相对复杂的系统，它是包括法律、信仰、知识及在长期生活中形成的习惯的统称；第4种，行为规范性定义，1929年，威斯勒认为某一部落或者社会群体共同遵守的生活准则称为一种文化，是标准化社会行为的总和；第5种，遗传性定义，1945年，亨廷顿指出文化具有一定的延续性或继承性，它是上一代人智慧与经验的结晶，具体包括制度、观念、物品、思维方式以及行为模式；第6种，不完整定义，1921年，萨皮尔将文化定义为社会所思与所做的总和；第7种，心理性定义，1905年，斯莫尔指出文化是人类为达成社会或者个体自身的某一目标而采取的包括物质和精神等方面的一系列手段与措施的总和。

《辞海》中有关文化也有详尽注解，如：①主要指人类在社会发展进程中创造的物质与精神文明产物，其主要是指科学、教育、文学，等等。②考古学用词，主要是指中国古代封建王朝所实施的文化熏陶与文教上施政的总和，相同文化的表现方式在于使用同一种工具或者制造技术，如龙山文化。③笼统地概括为运用文字与知识的能力。

诺斯若普·弗莱曾经就文化的含义从 3 个层面进行概括总结，他指出文化是一种生活习惯与方式，是历史积淀的文化遗产，也是人类某种创造力的结晶。当特殊的生活方式形成一定模式之后，人们就会依据它执行，这种模式逐渐演变为一种习俗，进而成为一种文化。劳动作为最主要的生活方式，其不仅创造了人类灿烂的文化，同时还促进了人类经济的发展。当某种文化习俗变为民族乃至国家整体的行为准则后，随着历史的不断发展，会逐渐变为民族性以及地方性的文化。

所以，关于文化内涵的界定与理解，由于背景与经历的差异等多种原因影响，100 个人对其有 100 种解读，这体现出了对文化概念划定的多元化。实际上，对于文化内涵的定义我们无法做到全面概括，也没必要这样做，这是因为个体对于事物的理解所站的角度与立场不同。

从经济学视角出发，人类有意识的生产劳动促成文化的产生。人类第一次打制石器，再用石器进行生产活动或者获取人类生存所需的物质条件，这个过程就是人类创造文明的过程，也是人类智慧的一种彰显，是人类对内部世界不断思考与反省的结果。这个过程最终承载人类诸多的情感与思考，而有意识的劳动最终促使了文化的形成。

二、文化产业的概念

国内外有关文化产业的定义始终没能达成共识。本书就现有的概念作了如下总结与概括：

①联合国教科文组织界定的文化含义是按照工业标准生产、再生产、分配以及储存文化服务与产品的活动总和。

②上世纪 90 年代末美国制定了"北美行业分类系统"。此系统把信息业定义为"把信息转化为商品"的行业，它不仅包括数据库、在线信息服务、各种无线通信服务以及软件，还包括电影、报纸、音像产品和书刊的出版。但是通信设备与计算机的制造不在其中，它被界定为制造业的分支之一。此举旨在把文化产品与信息从一般意义上的货物交易中划分出来，从而完成向"信息文化内容产业"转变的过程，体现出新的产业布局。

③欧洲相关机构认为，在最抽象的角度上讲，文化产业是文化产业化的表现，也是文化附有经济属性的表现。现代社会的经济活动与文化日趋紧密，已成为某种带有文化意义的产品交换活动。

④20世纪末日本专著《新文化产业论》将文化产业分为三大类：第一，向其他行业与商品提供文化附加值的产业（装饰、形象设计、文化旅游以及装潢）；第二，销售与生产以相对独立形式呈现的文化产品的行业（报刊、雕塑、音像制品）；第三，以劳务形式呈现的文化服务行业（体育、娱乐、戏剧）。

⑤21世纪初，我国文化部门联合调查组在对重庆等9个地区进行实地考察后对文化产业作出如下定义："文化产业主要是指从事文化服务及文化产品生产的经营性行业，其主要包括文化出版、广播影视、文化旅游、文化艺术4个领域"。有关组织对文化产业的定义提出文化的经济属性，这与国际上的认知基本一致。

⑥21世纪初期，中国文化蓝皮书有关报告指出，依据提供商品的属性来说，文化产业可以被理解为向消费者提供精神服务与产品的行业；依据经济过程的属性来说，文化产业是按照工业标准生产、再生产、分配及储存文化服务与产品的系统活动。

我们可以从以下3个层面理解文化产业的含义：①文化产业的进步应当以市场经济为基础，只有以市场经济为出发点，文化产业才可能具有经济属性。以追求利润为主要目的也是文化事业与文化产业的差别所在。②文化产业是以文化为主要方面的行业，所以它与物质产品交易不同，具有一定的意识形态属性，可以提升人的文化涵养。③文化产品的生产强调规模化制造。文化企业是从事经营性活动的独立个体，只有遵守相关法律法规，才能在市场中自由经营，以利于文化多元化的发展。

三、文化产业的特征

（一）文化产业的原创性和复制性

文化生产的关键环节是内容生产环节，而文化内容生产的重要之处在于其原创属性。可以说文化生产是一种极具知识产权的原创性发明创造活动，不同的产品都有其不可复制性及不可替代性。然而，文化产业的原创性又不同于其他产业，正因为此，英国有关专家指出文化产业可以被命名为"创意产业"。

虽然文化产业的产品具有原创性与唯一性，但是它仍需要通过批量生产实现其价值。文化产业的传统制造业与复制生产是存在差异的，以往的制造业只是简单的复制，而文化产业的复制是需要经由文化编码得以重现，这个过程就是内容的媒介。比如：我们在购买某一台设备时，主要通过它的实用性能实现其价值，但是文化产品不同，它体现的是一种思想与设计理念，可以使我们的思想得到丰富与滋养。例如：当我们购买一本小说，小说的内容和情节带我们进入全新的世界，打开我们的眼界与视野，而这并非是文字与纸张这些物质载体带给我们的感受。

（二）文化产业的大众性和文化消费的特殊性

高雅性、地域性以及民族性是传统文化的重要特征。随着传播介质和文化经济的不断发展，每个国家的本土文化都受到巨大冲击，文化一体化日益显著，文化的界限感日益模糊。随着高雅艺术越来越倾向大众化，其特性也具有了同质性，原有的高雅艺术慢慢被模糊化。文化产品日益市场化使得世界文化都处在高度竞争的状态下，每个国家都在努力创造出被世界认可的文化艺术作品。可以说，目前已经有部分国家的优秀作品成功走出国门，被其他国家认可。文化大众化是文化产业发展的基础，产品的大众化特征主要体现在规模化、机械化以及重复化方面。

然而，文化产业的消费与普通消费有所不同。第一，文化消费把消费与生产融为一体。文化产业的消费与生产本质上是一个信息符号处理的过程，这一过程把消费与生产本能地融合在一起。第二，文化消费基于消费者具备较高的文化素养以及寻求更多精神层面的需求。一般而言，文化消费是一种较高层次的文化需求，需要消费者具备较高的文化修养与知识储备，从而更好地消化与理解作品想要表达的思想感情。第三，个性化是文化消费的一大特点。同一文化产品对不同的消费者产生的化学反应也不同，由于个体的文化、家庭背景不同，对于同一事物的理解也不相同，正如莎士比亚所说的"一千个读者有一千个哈姆雷特"。

（三）文化产业的休闲娱乐性和教育性

文化产业的发展很大程度上使人们的生活方式与交往方式发生着巨大改变，人们对于休闲娱乐活动的需求日益增长。满足人们精神生活的需求是文化产业的特性所在，尤其是借助文化娱乐业、广播影视业、文化旅游业等满足大众的休闲娱乐需求，不断丰富着大众的精神文化生活。为广大消费者提供充足且优良的精神食粮，同时为大家提供休闲娱乐服务，在很大程度上满足大众对于休闲娱乐的需求，这些是文化发展的前提。随着大众精神文化需求的不断提升，崇尚自然、追求和谐，变成大众精神层面追求的主要目标。

与此同时，文化服务与产品在最大程度上顺应着人们精神层面的生活需求，使得大众深受艺术的感化与熏陶，进而使民族的审美水平与文化素质得到不同程度的提高，起到鼓舞人们、影响人们的积极作用。文化产业的社会属性与教育功能具有同一性，文化服务与产品涵盖各种生产主体的情感、意志、思想等因素。当大众购买文化产品时，他们能够从中得到精神层面的满足与影响，好的艺术作品可以起到积极的作用，而不好的艺术作品则会起到消极的作用，从而危害社会发展。所以，应该注重文化生产与服务的教育意义，将自强不息、勇往直前的优秀精神文化观念融入到文化产业中，让消费者在娱乐中受到教育。正如我国文化产业发展的基本原则中所提到的，"以科学的理论武装人，以正确的舆论引导人，以高尚的精神塑造人，以优秀的作品鼓舞人"，这也是建设中国特色社会主义文化的需求所在。

四、文化产业的作用

（一）发展文化产业能够加快促进社会主义精神文明建设

文化产业不仅需要一定的物质文明还需要一定的精神文明，而社会主义精神文明建设主要体现在文化产业的发展方面。可以说，文化产业发展可以带动精神文明的建设。具体来说，文化产业主要是指文化服务与文化产品顺应市场发展规律，为消费者提供的新的服务方式与生产模式。消费者从市场中寻找适合自己的文化产品，从而得到精神层面的享受与满足，这种供求关系进而演变成为需求与供给的市场循环。由此可见，文化产业的发展对于社会主义精神文明建设起着至关重要的作用与意义。

（二）文化产业具有稳定社会秩序的功能

有关科学研究证实，犯罪概率与个体的空闲时间安排有着很大的关系。通常来说，如果个体在业余时间内没有安排一些具体事项，那么他的犯罪概率就比有事做的人要高。所以，要想管理好社会大众，就要对他们的业余时间管理有所了解。倘若增加人们的文化休闲时间，就会大大降低犯罪事件发生的概率。近年来，社会迅猛发展，信息传播的途径也越来越多，人员流动性也越来越大，这就导致社会中的个体无法合理安排业余时间。大力发展文化产业可以丰富大众的心理需求，引导其身心健康发展。由此可见，要想保证社会稳定就要不断推动文化产业的发展。

（三）文化产业有助于提高社会大众的文化修养和人文素质

书籍、报刊、电视、广播、网络等不同媒介可以向公众传播一系列的文化精神食粮，这些都可以对大众形成潜移默化的影响，使得社会个体的受教育程度与认知得到不断提高。各个年龄阶段的受众群体都可以从这些文化产品中汲取知识养分，丰富自己的心灵，开拓眼界。可以说，文化产业的发展可以让人们在视听过程中，学习到地理、历史、科技、人文等方方面面的知识，并对自身生存的自然环境与社会环境有更加客观、理性、全面的认识，进而不断提高文化素养。

（四）文化产业具有休闲娱乐的功能

马斯洛层次需求理论中将人的需求分为生理、安全、社交、尊重以及自我实现等需求。由此可见，人类的精神需求需要建立在充足的物质条件基础上才能得以发展，正如《史记》中的那句"仓廪实而知礼节，衣食足而知荣辱"。随着当今世界的进步，人们对于精神文化的需求越来越多元化，我们可以从西方中等发达国家看出，当居民的生活水平已经由满足温饱向享受生活转化时，它的文化消费也会随之丰富起来，并且文化产品的针对性更强，可以满足不同人群的精神文化需求。近些年我国经济飞速发展，人们的生活水平不断提高，人们对于文化产品的需求也越来越强烈并呈现高速增长态势。从群体消费分析中可以看出，大众的文化消费占比越来越大，主要集中在影视、娱乐服务、书籍、音像制品、服装等文化领域。

第三节　旅游与文化的关系

一、中西方文化和旅游关系认识的演变

（一）中国语境下文化和旅游关系认识的演变

20 世纪 80 年代，我国已经开始有专家学者对旅游与文化的关系展开研究，其中有人认为旅游本身就是民族文化的一种展示，也有人认为旅游其实就是文化生活的彰显，同时还有人将社会文化看成是一种旅游资源。所以，旅游离不开文化属性，发展旅游事业也可以彰显文化属性，旅游行业的向内挖掘以及向外拓展都需要旅游文化作为支撑。文化是一切事物发展的根本，旅游同样也是如此，旅游文化相当于理论知识部分，而旅游出行就好比是实践活动内容。通常来讲，旅游文化需要通过旅游活动得以体现，而旅游的过程也是一种文化的彰显过程。旅游文化具有一定的矛盾性与综合性。20 世纪末，基于旅游与文化的密切联系，学者们对于文化与旅游关系的研究向旅游文化学转变。但是，这一呼声随着旅游业的不断发展而有所减少，但对于旅游资源拓展的话题日益增多，人们对于旅游文化的关注与研究越来越普遍。然而，此阶段人们对于文化与旅游关系的理解基本上没有太大的进展，始终将文化作为一种资源，认为旅游是一种文化类的产品或者体验渠道，彼此之间相互影响与作用。值得一提的是，人们在对旅游与文化进行探讨时，都没有对文化的具体概念进行界定。

在旅游政策方面，众多政府文件中提到的文旅融合其实就是提倡国内旅游企业将非物质文化遗产作为旅游业发展的资源之一，借助各种技术手段或者经营方式将我国优秀的传统文化向世人展出，从而增强大众的文化自信与民族自豪感。

我国新组建的文化和旅游部的举动引起大众对于旅游与文化的激烈探讨，许多学者从不同视角展开旅游与文化关系的讨论，包括人才培养、国家政策、身份认同、追求幸福或者综合角度。但是在众多的讨论中关于文化与旅游关系的演进历程相对较少，其观察视角仅停留在当下的旅游环境，限制了人们关于

旅游与文化关系的全方位理解。

（二）西方语境下文化和旅游关系认识的演变

从理论角度分析，16 世纪壮游（Grand Tour）时期，人们的旅游开始演变为一种文化体验。到了 20 世纪，人们将旅游目的与文化体验看作是相辅相成的关系，认为旅游是文化彰显的方式之一，文化旅游的含义由此产生，并随着时代的发展不断扩展其内涵。追溯历史，罗伯特·麦金托什最早将游客了解当地人民的思想与生活及历史的活动定义为文化旅游。随着社会的发展，"文化"的内涵得到扩展。比如，1985 年世界旅游组织给出的文化旅游的定义是为了满足人们对于文化需求的渴望而进行的空间位移，比如参观历史遗迹、表演艺术或民俗活动。1991 年欧洲旅游相关机构将旅游定义为人们为了寻求文化吸引物而从常住地位移至此物所在地的行为，比如表演歌剧与艺术、参观遗迹遗产。2003 年联合国教科文组织将物质文化遗产逐渐向非物质文化遗产扩展，至此文化旅游的概念再次更新。在此之后，2007 年联合国旅游相关机构将文化旅游定义为，旅游者为了需求与体验、消费与学习非物质文化或物质文化产品的行为活动，具体来说，文化产品包括能够反映社会鲜明特征的历史文物、建筑、艺术、传统。由此可见，随着文化概念的不断发展，文化旅游的定义也在发生着改变。整体来说，较早时期人们主要将注意力集中在文化旅游的吸引物上，并且不断丰富与扩展文化旅游的内涵，表现为从传统向现代转换，从物质遗产向非物质遗产转换。而进入了 21 世纪，人们则越来越多地关注文化旅游给社会生活带来的文化层面的影响。

在实际操作层面，20 世纪 80 年代开始，西方主流国家早就意识到旅游与文化的互助互益性及互补性。从西方主要国家旅游业的发展情况来看，他们更加注重旅游与文化产业的融合发展，但忽略了从历史纵向角度系统地对旅游与文化的关系进行思考与梳理。

二、文化和旅游关系发展的三个层次的内涵

（一）文化和旅游关系的起源：文化的身份意义与旅游者追求身份认同

以上分析证明，文化旅游吸引物的属性是构成旅游与文化关系的起源，这是两者关系的首层内涵。斯坦利提出文化可以具有三个层面的内涵，即作为建

构个人生活方式的符号工具，作为建构新的符号与意义的事物，以及符号、意义和传统的积累，这是具有身份辨别意义的三个视角的文化。有一定身份辨别意义的文化具有吸引物性质的原因究竟是什么？旅游是通过旅游发现自我的过程，可以说，个体的自我构建过程就是旅游体验的过程，也是社会群体与个体的区别与联系的身份建构，亦或是旅游者通过旅游活动来实现身份认同的过程。对于那些具有某种文化认同需求的游客，吸引他们旅游的主要因素就是文化。具体而言，游客对国家、集体以及民族的身份认同需要借由旅游的文化吸引物得以实现。所以，旅游与文化相融合的首层含义主要指游客对于身份认同的追求，然而文化表征身份意义，旅游与文化相互影响促使文化演变为一种旅游资源。随着社会的进步，可以作为旅游吸引物的文化种类越来越多样化。

（二）文化和旅游关系的发展：面向游客的文化可参观性生产

当文化逐渐演变为旅游资源后，更多的游客前往旅游地体验"文化"，然而并非一切文化均具有观赏性。因此，应把文化旅游资源依据旅游者的不同需求适当地予以展示，所以将具备观赏性的文化资源进行规模化生产显得尤为重要。旅游者体验文化的前提是文化具备可观赏性。文化的这种可观赏性生产主要包括四种方式：第一，通过博物馆向世人进行文化遗产展示，这种方式源于欧洲贵族将个人私藏品向艺术家、少数精英、鉴赏家开放的事例。王家在18世纪中期开始向普罗大众展示个人珍藏品，由此博物馆逐步形成。第二，通过传统艺术或者节庆表演形式向众人展示非物质文化遗产。20世纪70年代，在美国与英国等西方发达国家艺术气息较浓的城市政府措施的作用下，部分城市借由举行有关艺术活动吸引旅游者从而激发当地经济发展，传统仪式或节日成为某种复兴或者振兴当地传统文化的措施。第三，部分具有一定传统文化特色的城镇或者历史街区的展示。随着大众怀旧情绪的日益高涨，文化交流场所逐渐出现具有消费主义逻辑的行为，在城市化进程中，历史街区的出现既是对传统文化的保护，又作为发展旅游业的文化载体被提出，由此众多历史街区与古镇被打造为商业文化的消费场所。第四，借助某些主题空间与技术手段为媒介的创意性展示。比如，部分博览会借助新型的技术手段，向世人展示不同于以往的视觉效果，这不仅可以成为身体体验，而且可以成为一种文化景观。以上四种具有观赏性的生产或是文化展示的方式依次把展示文化的范围进一步扩展，即由物质到非物质，再到物质与非物质文化的相互融合，最终到创造性文化的展示。这一不断进步与发展的过程，主要依托于技术水平的不断提高。从其他视角出发，也就是说，文化依托旅游得以发展，同时使得文化越来越商业化。

（三）文化和旅游关系的提升：面向游客的文化展示的产业链延伸

当文化旅游产品逐步形成后，就不需要旅游目的地文化旅游产品的商业销售促进文化产品的商业化发展，如游客对文化的可观赏性展示进行付费，从而促使文化的可观赏性生产的商业化供给，城镇与历史街区、主题公园、博物馆及演艺产品也逐步演变为产业链，我们通常称之为文旅产业。实际上，旅游与文化关系的 3 个层面主要就是文化从资源到产品再到产业的融合关系，这 3 个层面在横向关系中同时存在，纵向发展依照历史发展进程彼此相互作用，并对旅游产业与文化发展产生影响，其本质上是文化与旅游关系内涵的 3 个层次，如图 1-1 所示。

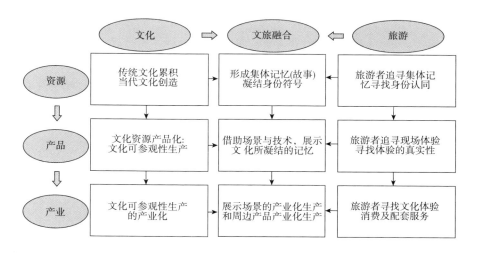

图 1-1　文化和旅游关系内涵的 3 个层次

第二章 文化产业与旅游产业融合的理论剖析

第一节　文化产业与旅游产业融合的发展背景

一、人民群众对基于文化的旅游品质要求持续提升

当前社会的主要矛盾已发生了深刻变化，已经转化为人民日益增长的美好生活需要和不平衡不充分的发展之间的矛盾。人民群众在物质生活方面已经获得了较大满足，但在精神文化方面的需求尚未得到充分满足。文化和旅游逐渐成为人民群众新的需求增长点，且增速较快。2018 年数据显示，我国国内旅游收入为 5.13 万亿元，增幅超 12%，远高于 GDP 增幅，并且我国已多年位居世界出境旅游客源国榜首。与此同时，大众在旅游模式的选择上也正在发生深刻变化，不再单纯以"拍照打卡"的方式参观外在景观，而是深入体验不同文化的内在魅力，注重文化因素的挖掘和感受，在旅游中学习和了解各种文化知识，感受民风民俗，最大限度地体会旅游中的人文之美。中国青年报社会调查中心 2019 年初展开的一项调查研究中发现，在 2003 名受访者之中，有 87.7%的旅游者曾有过文化旅游体验，在体验的各项文化旅游项目中，有 65.8%的受访者体验过与旅游目的地的文化息息相关的旅游项目，有 58.2%的受访者参加过与当地民风民俗有关的文化旅游项目，有 44.7%的受访者参加过与文学影视艺术作品有关的文化旅游项目，在受访者中对"能深入参与或体验的文化旅游产品"感兴趣的人数最多，占比达 60.5%。这些调查数据充分展现出人民群众对文化旅游的品质要求正在不断提升，单一的旅游观景已不能满足人民群众的需求，与文化紧密联系的旅游产品正得到人们的热捧，文化正成为旅游服务产品中越来越重要和独特的元素，成为人们旅游服务消费的重点。

二、文旅融合是实现"诗和远方"完美交融的有效途径

从古至今，文化和旅游一直保持着密不可分的关系，古人也常常用"读万卷书"和"行万里路"来表达文化和旅游的对应关系和内在联系。2017 年，联合国世界旅游组织针对"文化旅游"的内涵再次定义，重申了文化旅游的基本

动机是为了学习、发现、体验和消费旅游目的地的物质和非物质文化景点，这些景点包括艺术、建筑、文学音乐、文化创意、生活方式等当地特有的要素。之前，国内文化和旅游主管部门对旅游所在地的文化和旅游资源均进行了系统梳理，但由于我国文化和旅游长期分属于两个独立的行政部门，各自为政，文化系统专注于文化服务，旅游系统擅长于市场推介，两方资源无法进行深入交融，即便有一些关于两者融合的文件，也较多流于形式，为融合而"融合"，彼此的向心力不强，融入深度也不够。因此，国家将文化和旅游两个部门进行整合，组建文化和旅游部，在组织机构、人员配备、业务职能等多方面进行了系统整合，为文化和旅游的交融提供了强大的基础保障。同时，原文化部门和旅游部门前期已对各自的文化和旅游资源进行挖掘和梳理，形成相对完善的资源库，但在文旅融合新背景下，资源梳理仍可进一步深挖和整合。原旅游服务资源由于缺乏相应的文化服务专业力量，旅游服务的深度有待拓展，同样，原文化服务资源由于缺乏相应的专业推广能力，文化服务的广度也有待拓展。文化和旅游的结合是一个"诗和远方"完美交融的过程，在此过程中文化可以更好地走向"远方"，旅游可以更有"诗意"，文旅融合也将进一步拓展文化和旅游各自的内涵和外延。文化中加入旅游，使文化增添了"翅膀"，让文化走得更远；旅游中加入文化，使旅游沉淀了品质，让旅游更有深度。联合国世界旅游组织在2018年发布的相关报告中强调，旅游与文化是彼此依存的共生关系，文化与旅游是彼此互相融合、最终融为一体的过程，这不仅赋予了旅游以文化特征，而且使得文化节庆、民风习俗、文化遗产等非物质性文化元素与各类历史名胜、文化场馆、自然风光、艺术中心、人文古迹等物质性文化场所通过旅游活动得以传承并发扬光大。旅游与文化交融是一个协同并进、互为支撑、深入融合以及相互渗入的过程，是推进文化和旅游高品质发展的必然要求。同时，文旅融合还将产生十分强大的经济效益，为文化旅游资源所在地带来更多的发展机遇。

第二节　文化产业与旅游产业融合的理论基础

一、产业融合理论

产业互融最初主要发生在广播与计算等领域，之后经由技术变革、产业交融到餐饮业、公共服务业、交通运输业等产业中得以实现。20世纪70年代末，麻省理工学院曾运用3个圆对3个产业的边界进行了形象的比喻。研究发现，三圆交汇处将是产业增长最为迅猛和最具有创造力的地带。产业交融的表达方式多种多样，然而基本上是指伴随产业政策方面的支持以及技术的发展，原来相对独立的产业，或者是同一产业内不同行业间因为彼此的相互渗透、融合与影响，使得产业间的边界线越来越模糊，并最终使得两个乃至更多的行业或者产业融合在一起，成为一种新的产业。现如今，产业融合理论受到了来自学术界的广泛关注与认同，并将其应用于越来越多的产业或者行业的发展研究当中。

（一）产业融合的概念

产业融合的理论从提出发展到今天，学术领域的研究人员对它的关注已经超过40年，然而国内外的专家在对产业融合的内涵进行定义时大部分倾向于原本的学科，不能形成一致的共识。马健对早期的相关内容进行研究，从多方位对产业融合的内涵作出了较为完整的诠释，即随着技术的不断进步与社会时代的发展，社会中各大产业的管制得到了前所未有的放开，各大产业间的融合时有发生，以往的产业结构正在发生变化，产业内的各种关系也发生着转变，从而使得产业的边界需要再次划定。

（二）产业融合的动因

在总结以上有关产业融合的概念后，我们不难发现，触发产业融合发生的因素主要分为两部分，即管制的放开以及技术的进步。千刃刚等人在其相关著作中强调，产业融合总共包含4个方面：技术创新、组建战略联盟、企业并购、新的经济法规，这4个方面的内容以及彼此间的相互影响促成产业融合的发生。陈柳钦从经济学视角以及产业间关系的角度出发，强调促使产业融合发展的主要成因在于经济社会对于经济效益最大化及产业间共生关系的需求。如今社会科技发展速度迅猛，信息传播技术不断发展，跨界技术不断出现，产业间融合的深度与速度得到提升，这为融合提供各方面的支持。除此之外，还有许多因素影响着产业融合的发展，比如大量跨国公司的出现、政策的支持、市场竞争的加剧。

（三）产业融合的类型

为了让大众对产业融合产生更加清晰的认识，就要对产业融合进行分类。截至目前，从不同的视角与学科出发对产业融合进行具体分类的形式多种多样。胡汉辉提出，产业融合具体有3种形式，即产业重组、产业渗透以及产业交叉，他还明确了多种表现方式中技术进步的层面。兰娜姆和潘宁运用经济学中的需求供给模型，创建2×2阶矩阵，然后在这个矩阵的框架之内再对产业融合进行分类，具体包含供给替代型、需求替代型、供给互补型以及需求互补型。厉无畏则从产业发展角度，以产业间的相互关系与技术和产业内各要素间的关系为出发点，将产业融合分为产业内部重组、技术渗透以及产业延伸这3类。

（四）产业融合的效应

产业融合对企业战略、经济增长、产业组织等方面的作用效果逐渐受到重视，产业融合的效用问题在产业研究领域渐渐地变成一个极具热度且重要的问题。张士、赵珏把"三网融合"作为研究分析的切入点，其研究报告最终指明产业融合更能促成可竞争性横向产业以及市场结构的竞争与合作关系，从而实现经济再发展的目的。

二、耦合系统理论

耦合的概念早期出现在物理学界，主要指力的相互作用，比如2个或者2个以上的作用力与反作用力彼此影响，从而形成一种合力的现象。从其他视角看待耦合，主要是指系统内部各要素之间彼此影响，逐步合为一体的过程，在最初的物理学界，专家们将研究系统内部的反馈与协调关系，以及由此得到的机制、机理称为耦合系统理论。

（一）耦合系统理论的内涵

耦合系统理论是基于系统论形成的。一般来说，系统论由一般系统论和系统科学组成，两者构成了该理论的主要框架。对于系统论的运用主要体现在借由科学的系统体系认识与分析世界上的万事万物，其关键思路是把系统当作一个组合体，具体而言就是将彼此独立的研究个体联系到一起，把它们当作系统的构成部分，借由系统论的研究方法对系统进行处理与分析，用以探索与研究其中各元素间的变动规律与相互关系，并且对系统进行进一步优化。

（二）耦合系统的特征

依据耦合内涵的划定可知，耦合的特点主要包括整体性、多样性、协调性以及关联性。首先，系统中不同要素间应该存在相关性，这是要素间可以进行耦合的首要条件，若是系统内各要素彼此间无法相互影响，不存在流动的现象，就不能成为耦合系统；其次，耦合系统是一个拥有众多要素的整体，且不同要素间可以相互协同发展；最后，耦合作用构成的全新系统必须是一个良性系统，只有这样才得以实现系统内各要素间的强化提升与优势互补。

三、文化变迁理论

文化变迁理论可以追溯到早期，相关研究的理论学派众多，最早进行研究的学派是古典进化论学派，代表人物为英国学者爱德华·伯内特·泰勒和美国学者露易斯·亨利·摩尔根。泰勒认为，"人类文化史是自然历史的一部分，甚至是一小部分，我们的思想、愿望和行动与那些支配着波的运动、化学元素的化合及动植物生长的规律"。泰勒强调，依照文化的历史发展阶段，最初等级到最高等级文明的各民族及其文化共同形成一个不间断的序列。这个序列的最终端以及最初端，分别被定义为文明民族与蒙昧部落，由此能够形成一种"文化的标度"，使得人类能够结合不同的文化水平设定不同社会在这一标度上的顺序或位置。除此之外，泰勒同时将文化进化的 3 个阶段进行划分，以书写艺术为开端的文化开化的阶段；狩猎采集或者原始未开化阶段；种植植物与野蛮的、以动物驯化为特征的阶段。后来，美国相关专家学者基于泰勒对于文化研究的基础之上，对人类原始社会进行更为详尽的划分，把野蛮、原始或蒙昧这两个时代划分为高级、低级以及中级这 3 个子阶段。他还提出不同阶段的划分标志主要是以生产工具与生产技术的发明为依据，这也是人类社会不断进步的重要标志，这毫无疑问地顺应了历史唯物主义的观点。历史唯物主义曾经说过人类社会中最为先进的一部分，就是当其处于历史进展某一阶段时，会出现止步不前的情况，但是每当出现新的生产工具或是有技术被发明，比如蒸汽机的出现等，社会都会产生新动力与新活力。

在进化论学派中，从文化对象的属性层次上看一般将完整的人类文化当作一个具有同一性的超级有机体，它的分析对象通常是这一超级有机体的不同结构，比如亲属组织、经济形态以及婚姻制度等，人的行为、心理与观念等因素在一定程度上被忽略。但是从文化变迁的动力视角分析，古典进化论学派指出文化变迁的动力主要来自于文化内在因素，遵循自然的进化节奏，不能被认定为人为变化，但是变迁的动力更多源于非物质与物质的文化特征，或者人类的认知特点。对于此类文化变迁的动力特征的描述，通常是抽象或者静态的。一般而言人类的具体行为与所处的具体环境基本会被忽略掉，波兰学者什托姆普卡就曾将这一情况阐述为在发展主义者或历史主义者眼中，整个系统以其自身的规律性以及不可化约性占据核心地位，人类是相对被动的、完全被塑造的以及依赖的零件。这种以人类心智的统一性诠释文化进步普同性的观点，忽略了各自社会环境中文化进步的多样性与差异性。

与古典学派持不同观点的调适论学派代表是美国学者朱利安·海内斯·斯图尔德，他指出文化的形成其实就是人类逐渐适应自然环境的结果，可以说，不同的环境就会产生不同的文化。所以，文化在各自不同的层面上很少会有以某种规律化形态出现于人类群体之中。

在此之前，莱斯利·怀特提出了普遍进化论，他拒绝通过环境诠释文化变迁的多元化，理由是在同一环境下受到其他因素影响后文化可能会出现差异性，他觉得文化产生的主要因素源于能量，人类运用能量的能力，是推进人类整个文化发展或者个别文化的唯一动能。人类对于更多能量形式的改进与发现，对能量运用的措施，都会促使文化逐渐进化与发展。依据此标准，怀特将人类进化的历史划分为 4 个不同阶段：依据自身实际能量即自身体力阶段；借由驯养家畜以及栽培谷物，主要将太阳能转化为人类能够运用的能量资源阶段。借由动力革命，人类将天然气、煤炭以及石油等地下资源作为能源的阶段；核能阶段；怀特指出文化是一个由多种要素共同组成的有机整体，其由 3

个子系统构成，分别为社会系统、思想意识系统以及技术系统。

此外，对文化变迁理论的研究还有传播论学派，其代表人物是弗洛贝纽斯，他通过确定文化特质起源和传播途径，从传播视角诠释文化的差异性与相似性，指出文化的发明少于文化的采集与借用。文化的发展变迁史就是传播发展的历程，这在很大程度上注重借用的决定性作用，全然否定人类的创造才能。文化的传播是需要经过传出方以及传入方才能实现的一种行为活动，它不具有自发性，同时也不可能传播到任何想要传播到的地方，它受一定的社会历史条件以及文化特征的影响与作用。

对文化变迁理论的研究中，还有历史特殊论学派，其代表人物是博厄斯。他认为每种文化都有自己的历史价值，不能简单地去评价某一种文化比另一种文化更高级；此外，还有功能学派，其代表人物是马林诺夫斯基。他认为文化是满足人们生活需要的一种手段。也有学者认为，文化变迁与文化都被当作是一种社会现象，当一种文化形成之后，其中的一部分将会对人类的生活方式以及生活经验产生不同程度的影响，另外一部分将会通过文化变迁的方式发生进化与演变，这个过程都发生在一定的社会文化与社会环境背景之中，并且深受社会环境中因素的制约与影响。

从文化变迁的理论视角来看，文化和旅游的融合也是一种文化类型的变迁，二者在文化发展过程中，确定了融合的必然路径。同时，在文化变迁的视角下，文旅融合可被看成是一个时间和空间的组合，其一方面受到时间维度的影响，自身发生融合和推移；另一方面，二者在空间上也会出现主动的融合。

随着时间的不断流逝，逐步从文化视角着力丰富旅游效应、增添旅游功能，与此同时也从旅游视角着力丰富旅游产品、吸收文化元素、延长旅游时间以及添加文化艺术内容。这之后，在旅游与文化空间方面，任何原有的景区路线、渠道载体、服务方式、旅游场地设施、建设项目，尽可能融合并表现出文化概念；任何原有历史人文遗存、文化软硬件设施、传播渠道载体、城市文化区域，最大程度地融入旅游功能、挖掘旅游效应以及兼顾旅游价值。最终，淡化原有的"文旅"分界，实现文旅跨越发展，形成螺旋式上升的发展，达到融为一体的新境界。在新的文旅产业层面，空间是"全域"，时间是"全程"，结构是"多层次"，品种是"全系列"，地位是"支柱产业"。

第三章　产业链、价值链视角下的
文旅融合

第一节　产业链视角下的文旅融合

一、产业链的含义与功能

关于产业链一词，国外相关研究中并不存在这一含义，这是中国特有的概念，我们一般将它译为"industrial chain"，这与西方研究的产业价值链等相关理论类似。产业链理论最初源于马歇尔的《经济学原理》，迄今已有近 20 年的时间，然而当下学者们对于产业链的含义并没有形成共识。

鉴于以往的研究结论，可以看出产业链是具有联结性的行业、企业，在特定的技术经济联系活动的基础上，根据一定的时空布局关系与逻辑关系，产生链条式联结形态。从影响上说，产业链是不同企业、产业联系的介质，是聚群经济的枢纽，是发展当今产业体系的链条。产业链的功能主要通过产业集聚的作用展现出来。从性质上来说，产业链具备内在的逻辑关系与结构，主要通过各种环节与链条，进行信息反馈、价值交换、输送服务或产品等活动，连通一条已经存在的产业链或者使一定空间范围内的断续产业部门尽量向上下游延伸拓展，以获取更优质的产业链效果；从内容上来说，产业链有供需链、价值链以及生产链等几种类型。其中，价值链与产品链分别是产业链的价值形态与产品形态，供需链等同于供应链。

根据产业经济学相关理论，产业链在产业中的功能具体表现为三个方面：第一，"空间容纳"功能，主要是指产业链借由其巨大的体系，从横向与纵向等方面集合众多企业，进而形成一个与企业集群相似的整体，凭借这种功能可以把企业这些个体转化为整体力量，进而提高综合竞争力。第二，"连通"功能，主要是指产业或者企业之间，客观上存在众多不相容或者"有空隙"的空间，然而产业链可以借由相应的条件以及生产业务促进它们的联系，进而弥补"空隙"，解决不相容的问题，实现产业与企业效益的整体提升。第三，"延伸"功能，主要指产业链借由生产业务联结关系，把不同属性的企业整合起来，使之成为一种链条式的关系形式。因为不同属性企业的业务具有相互补充的关系，可以在一条链条上发挥彼此的优点，从而加强不同企业的总产出。

因为一切事物都无法脱离产业独立存在，所以本节所讨论的主要内容是指"旅游与文化产业中的产业链机制，经由产业链的空间容纳、连通以及延伸功能，完成产业的融合"。

二、关于产业链及其与文化旅游产业融合的相关研究

产业链（industrial chain）理论是基于亚当·斯密的分工理论与马歇尔的企业间协作理论形成的。从层次角度分析，产业链当属宏观概念，但国外侧重于微观层面的供应链与价值链的研究，其中多以新闻报道的方式出现，报道内容也大多从产业链的作用角度展开研究，极少从产业链内部的运行机制以及自身进行分析。而我国恰恰相反，专家们锲而不舍地对产业链进行了符合本国国情的研究，从这一角度来看，产业链的概念起源于我国。我国专家学者宋武生和姚齐源最早提出"产业链"一词。关于产业链的具体研究始于农业领域，主要内容涉及农业产业链，如农业产业链的形式、内涵以及类型。比如：颜加勇、王凯借助对中国已有的农业产业链制度的调查，研究出国内农业产业链的组织形式构建的前提条件、基本原则，得出农业产业链的组织形式的发展走向；张利庠、李杰义对农业产业链作了全面且深入的研究，为产业链在我国农业领域的应用与发展奠定了坚实的基础；金玉言强调通过农业产业链把农业与第二产业、第三产业联系到一起。除了农业领域，其他行业或者产业也同样涉及到了产业链。比如：生物医疗、文化、纺织、旅游、建筑。此外，刘玉芹等人研究的电信产业链市场竞争与网状化；张伟研究的有关天然气的产业链；张雷关于产业链纵向关系治理模式的研究，都进行了实践层面的研究。近年来，众多专家学者也对产业链的研究进行了细致的剖析与总结，其中就包括杨锐从产业链治理的层面对产业链的竞争力进行了探讨；吴金明对产业链形成机制进行研究，并提出了"4+4+4"模型；魏然从产业链的理论角度出发进行研究与综述；杜龙政对产业链模式与治理结构进行研究；刘贵富对产业链基本理论进行了系统化的研究；郑大庆等人对产业链整合理论进行了探讨；吴彦艳对产业链的构建整合与升级进行了整体研究。

有关产业链对于产业融合相关的研究，国外比较多，具体表现为，第一，对产业融合类型的研究。比如：部分专家学者从供给与需求的视角，把产业融合分为来自供给方的机构融合与来自需求方的功能融合；格林斯坦和康纳把产业融合分为技术互补融合或者技术整合融合以及技术替代融合。除此之

外，尼尔斯施蒂格利茨把产业融合分为需求方的产品融合以及供给方的技术融合。第二，对产业融合的成因研究。这一研究观点大致分为两方面，一方面指出多种成因相互作用促使产业融合，比如部分专家学者发现促成产业融合的成因包括经济动因（自由主义）、技术动因（数字化）、管制被削弱与垄断的传统理论；另一方面指出产业融合之所以形成是因为来自于技术的不断创新。比如：安德尔加森指出创新会不断激发技术的进步；迈克尔·波特指出融合或者创新技术可以更改以往产业的边界，技术因素在推动产业融合方面起到重大作用。第三，定义的研究。比如：林德指出融合随时随地都存在，他把融合定义为一种普遍的合并与汇合，是产业间壁垒的消除以及边界的模糊，它是一种跨界行为；1997 年，欧洲委员会在其发表的文件上指出融合是产业间合并或联盟，市场以及技术网络平台等三个层面的结合；阿耶沙麦霍特纳指出产业融合主要指以往分别独立于产业间的企业互为竞争对手时构成的一些行为活动；戴维·B. 约菲把融合的概念总结为借由数字技术促使原本各自独立的产业彼此相互结合。第四，产业融合的效应研究。日本专家学者指出，产业融合主要通过放宽限制与技术革新进而降低行业间的壁垒，增强各领域及各企业间的竞争关系。第五，产业融合的过程研究。产业融合本身就一个发展变化的产物。戴维J. 科利斯从产业结构角度分析，指出产业融合的演变过程是从以往的纵向产业结构至横向产业结构变化的过程，从价值链的视角出发，产业融合发展阶段可以分为采购融合、分销融合与生产融合，只要该链条中任一关键环节出现融合就会出现多米诺骨牌效应使得其他领域也出现融合；阿方索·甘巴戴纳和萨瓦尔多·托里西指出产业融合需要历经市场融合、技术融合以及管理融合这三个阶段，同时这三个阶段相互衔接并彼此促进发展，可以说三者缺一不可，否则产业融合将无法形成。

我国专家学者基于国外的理论进行研究，多位专家学者通过研究视角也总结出产业融合的类型、融合的概念、融合的过程、融合的动力、融合的趋势以及融合的意义等。可以说，产业融合取得较为深入的研究与探讨，特别是张海燕等人在该领域的研究中把文化旅游产业融合与产业链联系到一起，具有一定的研究价值。这些有关产业融合的理论研究，对于旅游产业融合及文化产业研究方面具有重大的参考与借鉴意义。

三、产业链在文化旅游产业融合中的作用机制分析

（一）前期——"延伸"机制

产业链条在文旅融合中具备的延伸影响始于产业链条的延伸效能，实质是借由这些延伸产业与企业，形成"MAR 溢出"作用的产物。"MAR 溢出"为产业的根本效果，它是基于阿罗与马歇尔的"知识溢出"形成的。具体来说，产业集聚形成的主要收益有知识溢出、中间投入品的共享以及劳动力的共享。而后，罗默指出溢出效应主要产生于某产业的企业中间，所以其被称为"马歇尔 – 阿罗 – 罗默外部性"效应，也就是"MAR 溢出"。

产业集聚的形成源于不同市场不同个体间的联系，但核心部分是企业间的相互关系。产业链的独特属性是延伸，此类延伸最初体现在某一产业的某一类产品中，而后不断向产品的研发、销售等领域延伸。这一延伸是借助旧的资源与基础，向其他商品的延伸。比如：某一旅游文化商品虽然性质、品种有所不同，但是在某一生产程序或者工序方面存在相通性，文化产品能够把原有的生产技术经过改造，运用到新商品生产方面，从而形成一种新技能。旅游产品把迥异的工艺与工序联系起来，创造出全新价值，使其变成一家企业的核心力源头。除此之外还有对所有权的把控，开展规模化延伸，具体体现为向产品的研发以及销售等环节的延伸。但是这种运用"横向一体化"主要是借由同一种产品的横向协作或并购方式进行延伸。这一方式，均能够出现较为明显的"MAR 溢出"效果，很大程度上表明产业集聚的根本所在。除此之外，还能通过"纵向一体化"方式的延伸有效采取联盟型的协作式延伸，也有借助并购完成相对或者绝对控制。

产业链条的"延伸"作用在两大产业互融过程的影响主要表现在对两者的关系上。旅游产业是一个整体化的产业，依据"行、食、住、娱、游、购"六大要素，旅游产业包含上百条产业链条，可以说旅游产业是一个分布在社会不同领域且领域之间彼此互联的行业。文化产业是一个综合性产业，任何与文化相关的活动都属于文化产业。依据相关文件标准，文化及相关产业大致有十类，包括文化艺术服务、新闻、文化遗产保护服务以及图书出版。文化产业与旅游产业的融合，可以利用产业链的"延伸"功能，在文化产业中融入旅游产业，使之成为文化发展的支柱。在旅游产业中融入文化元素，变成旅游的灵魂。具体而言，就是运用产业链条上的纵向与横向延伸，寻求两者彼此联系与

交叉的部分，使其成为产业融合的关键点，构成文旅产业。文旅产业在地域上集中的根源是展开产业间互动，构成集聚区，并且发挥集群效应。栗悦等人指出了在产品、生产技术、市场、业务上寻求融合的关键点，然而这一融合的完成必须要有企业的融入。通过关联企业的融合，特别是在产业链上的供应链，完成产业链条上各企业间的集聚与联动，与此同时借由横向一体化实现企业规模的扩大，形成旅游文化的品牌效应。所以，旅游产业与文化产业的互融是通过产业链中彼此的融合发挥其集群效应，从而产生"MAR 溢出"。

（二）中期——"空间容纳"机制

产业链条在文旅产业互融中源自自身的空间容纳影响，进而出现对应的影响，实质上是借由产业链条融合不同企业与产业之后出现"Jacobs 溢出"的效果。

格丽塞尔等人借由研究 20 世纪后半叶美国 170 个城市增长的关键性元素，发现单一产业就业率增长主要依靠区域内其他产业的份额以及不同产业的竞争程度，进而验证了"Jacobs 溢出"。美国学者雅各布斯把"MAR 溢出"动态化，指出溢出效应主要发生在集聚地带中不同行业与产业间的企业间，由此被称作"Jacobs 溢出"。

产业集聚中的一种，本质上是与企业相关商品的条件符合，具体来说，以企业为中心涉及其商品，借助其他有关行业、产业、企业等介质为它的进步提供不同资源，只有这样，企业还有它的商品才能产生最高效率，然而只有产业链才可以包容这些信息。从另一角度看，产业链与价值链、产品链、供应链不同，它可以涵盖供应链、价值链以及产品链。价值链，依据波特的观点，主要指企业用以生产、营销、交货、设计与对产品发挥协助作用的多种产业的互融，其关键点是价值增值关系；产品链主要是指产品制造过程中的整套由生产制造串联起来的生产作用，具体有生产加工、产品销售以及研究开发，其主要考虑的是生产过程中各个环节间的关系；供应链主要是指企业从获取原料到加工再到制成成品销售的完整过程，其考虑的是产品供应期间的连续性。产业链包括了价值链、供应链、产品链，是把三种链条融合在一起，从而考察产业间、产业与企业间、企业间的相互关系。所以，产业链能够包容不同行业、不同企业以及不同产业，它是一种反映行业、企业、产业内部与其之间的密切联系的媒介。产业链的空间容纳效应最明显的体现是借由产业链，围绕某个中心产品，把与之相关的不同产业、行业的企业以及有关设施融合起来，进而有效地加强"Jacobs 效应"。这当中，企业间的紧密协作关系是产业链当中的重中之重；企业生产经营中所关联的综合性服务是产业链的主要配套关系。这一关系是形成"Jacobs 效应"的首要条件。

两大产业从界定上看彼此有别，两者分别组成了两种不同的产业业态。这一区分令二者形成了矛盾关系，但是这一矛盾关系并不会影响两者间的关系。两大产业在发展中有意识或无意识地发生着某种关系，并且这种关系影响日益明显。两大产业的互融基于两个不同产业相互间平等互助的关系，是两大产业在市场作用影响下的彼此互融。在文旅产业融合过程中，部分企业因其存在的先天优势抓住了机遇，逐渐变成本区域或者本地区的链主，在这种影响下，应该对相应的行业或者企业组织给予服务，使之逐渐在特定区域内发展成为集聚区，并因其文旅产业特点，使其具有多元化的集聚特征。我国目前已建成开放的部分文旅园区，如：深圳"华侨城"、西安大唐芙蓉园、凤凰古城、杭州宋城、苏州山塘古街、平江古街。在以上文旅园区周边，分布着众多服务休闲娱乐设施，如：餐饮、酒店、购物商场、管理协会或组织等，还有部分服务属性的机构，如：会计事务所、法律事务所。国外在这一领域的做法较为新颖独特，特别是美国与新加坡。上海迪士尼乐园把游玩者体验带入其中，运用先进的技术，令休闲娱乐项目与中西方文化相交融，最终完成文旅资源的完美结合。其中的明日世界、奇想花园、宝藏湾、梦幻世界、探险岛等六大主题公园，既有完整的配套设施，又有为众多游客提供休闲娱乐的场地，使得这一项目实现了产业化运营，真正实现通过链主企业联动链条上的企业与行业、组织共同进步，最大限度地发挥"Jacobs 溢出"效应。

当然，在文化与旅游两大产业相互融合的过程中，不能仅关注政府的功能，依靠政府的行政指令把相关企业在区域内集中管理，形成产业园与集聚区，这样的运行机制很大程度上忽略了企业在市场中应有的作用。在互融过程中，企业始终扮演着至关重要的作用，企业能够开发出极具市场竞争力的文旅商品，并且以该商品为核心，借助产业链条上众多行业、企业以及组织的影响，把相关联的企业联系到一起，不断对价值链条上的配套设施进行完善，使得多元化产业集群得以产生，进而呈现出多元化的溢出效应，即"Jacobs 效应"。在整个过程中，只有通过发挥企业影响力，转变地区内的文旅产业布局，才能使得"被动喂养型"企业减少，"主动觅食型"企业增多，不断研发新的产品，再借由核心商品向外延伸，通过产业链发挥作用，不断完善园区内的各项配套设施，使得行业间与产业间实现互动溢出。所以，文旅产业融合的首要条件就是产业链条的空间容纳效能影响下出现的"Jacobs 效应"。

（三）后期——"连通"机制

产业链条在文旅产业互融中具有的"连通"功能，是源于产业链条本身的"连通"功能，这实质上是借由产业链条各个环节的完善与衔接，形成的"Jacobs 溢出"与"MAR 溢出"的效应。

某一产业中只存在"Jacobs 溢出"或"MAR 溢出"中的一种都可以生成一定的效应，进而促使产业效率提升，但是当以上两种溢出同时存在时就会产生一种重叠效应，使得效率能够最大限度地得到提高。任一产业链条，无论是它所包括的内部关联，如价值链、产品链关系、供应链条，还是它所包含的介质，如不相同却有着彼此关联的行业、产业以及企业，均不是绝对的有或没有，大部分情况下是处在两者之间，所以产业链条关系实质上就是不完善与完善的关联。在某种程度上来看，产业链条的"连通"功能，既是一种增强产业集聚的根本渠道，又是一种常态化的表现。我们通常从健全产业链条的视角出发解释产业链条的"连通"，通过充实、弥补以及配置等形式，不断强化其内部关联的一种功效。凭借不同产业与行业间的连通，有助于增强"Jacobs 效应"；借由不同企业间的接通，有助于增强"MAR 效应"；借由两种外部性效应的增强，可以使产业集聚的程度增快。

两大产业间的互融，主要就是为了达成经济效益最优化。在互融过程中，产业链条的"空间容纳"以及"延伸"功能能够促使两大效应得以实现，不过两者仍需深度强化，此效应在某一程度上而言是彼此独立的，其一是多元化，其二是专业化，怎样同时兼顾到两大效应呢？这时候文旅产业的"连通"功能就会起作用，通过科学的多元化与专业化的统一，促使各组织、行业与企业间密切相联，组成一个独特的且功能完备的文化旅游集聚区或者文旅产业园。具体来说，借由两大效应的溢出促使两者产生"共振"，进一步完善文旅产业链条，再经过评估、控制以及识别，促成动态的企业互动体系，形成一种"新常态"机制。所以，产业链条的连通功能带来的两大溢出效应可以促使文旅产业加快融合。

四、产业链条在文化旅游产业融合中的作用条件

产业链条主要存在两种扩张方式，表现为产业链条的横向与纵向一体化两大类。产业链条横向一体化主要指产业链条中核心企业通过重组或者并购的方式完成类似企业的合并，通过这种方式扩大自己的规模，为的是实现规模效应；产业链条的纵向一体化指的是企业把与自身有关的企业，如产品销售商以及原材料供应商，借由参股与并购等方式扩充发展战略，也被称为垂直一体化，其目的是向相关企业进行约束行为。产业链条的纵向与横向一体化的发展方向是实现企业规模化、产业集群化的关键因素，所以产业链条的建设是产业发展的最为重要的形式之一。在它的建设当中有几大问题：第一，要确保产业链条的长度满足要求，如果产业链条过短的话，其协同效应的发挥会受到影响；第二，注重发挥产业链条的效能，促使产业在某一区域内实现产业集群建设，最大程度发挥其效能；第三，依据"微笑曲线"理论与"产业微笑曲线"理论，企业在发展中要尽量促使利益最大化。比如营销与研发，这才可以完成经济效益。与此同时，依据韩云教授的相关学术研究，企业促使经济效益的最大化是一点点实现的，不会一蹴而就，其由低点向高点发展，最后完成制造业由低端向高端的转变，它是一个循序渐进的过程。

文化产业是一个包含范围极广的产业，比如：娱乐、影视、广播、出版，等等；旅游产业也包括众多子产业，比如：行、食、住、娱、游、购等。产业链条在旅游产业与文化产业的互融中，需要来自内外部的一些必备条件才能实现。

（一）内部条件分析

文化与旅游两大产业的结合，实际上是两个复合型产业的互融，其形成的文化旅游产业链一定有相对庞杂的产业链内在关系。

第一，供需链条需要重新界定。需求与供应链条共同组成供需链条。从需求链条分析，两大产业互融，顺应的是新时代文旅游客的需求，与此同时还包括其服务个体的需要。从供应链条的角度分析，两大产业互融，亟需新的文旅服务与产品的出现，其中包括文旅产品与生产资源的供应链条。所以，产业链条中的供需链条是两大产业互融要面对的难题，处理好这一难题，是实现两大产业互融的前提条件。

第二，从价值链条视角分析，两大产业间的融合促成文旅产业，新的文旅

产业包括众多产业链条，其中就有价值创造的环节，包括科学策划、服务提供、创意设计、规划建设。这些环节促使两大产业的关联日益密切，新的产业链条特别注重高价值的创造。文旅产业互融是为了实现价值最大化，然而价值链条便是实现价值最大化的前提条件。从这一角度上分析，价值链条在两大产业互融的过程中起到重要作用，为文旅产业互融指明方向。

第三，从产业链条视角分析，两大产业互融最后促成新的文旅产业，这是一种全新的产业链条，有别于以往的文旅产业链条，这在其服务与产品中得以体现。这一融合的出现，建立在生产链条与产品链条基础之上，互融后出现新产业，这种新产业体现企业与他者错综复杂的连接方式，主要指企业与消费者、企业与企业之间、企业与政府，产品在不同环节中的流动起到纽带的作用，比如深具特色的创意产品，它们把包括政府、企业、文旅游客都串联到一起，因此产品链条是旅游产业与文化产业的纽带。

第四，从空间链条视角分析，文旅活动是指在一定空间范围内实现的，特别是深具特色的文旅资源，比如西安的曲江新区、深圳的华侨城，这些文旅产业在地理位置上相对集中，产业链条中的空间链条正好为这些文旅产业互融创造了条件，特别是为文旅产业的集聚创造条件，即空间链条为文旅产业互融的后续集聚、集群创造条件。

（二）外部条件分析

两大产业在互融期间，还受到社会各因素的影响，其中包括区域旅游文化资源的整合度、政策的支持与引导、市场化竞争程度、地区经济发展程度、协会等行业组织。所以，文旅互融要求这些领域具备相应的条件。

第一，从政府的支持与引导方面分析。政府扮演的始终是一种站在宏观角度对事物把控的角色。因此，不能完全借助政府手段实现市场资源配置，比如国务院曾强调未来要把旅游产业培养成为"战略性支柱产业"，把文化产业打造成为"国民支柱性产业"，这些均只能起到政策性的指导作用。针对一些文旅资源极为丰富的区域，如山西、西安、苏州、湘西凤凰古城等，还有一些通过外资整合的区域，如上海、深圳这些经济发达的城市，政府均表示要推进文旅产业互融，建设文旅产业，将文化产业与旅游产业互融。相关政策方面主要包括进行资源整合，建设文旅创意园与产业园。然而实现这一目标，需要把产业链条重新组合，建设两大产业园也只有站在产业链条视角考虑才具备可行性，政府借助产业链条，把所有相关产业集合到产业园内，起到集群与集聚效应，最后确保政策的落实，实现旅游产业与文化产业的互融。由此可看出，政府所扮演的角色还是需要从外部环境的产业链条上考虑。与此同时，政府应该做好规划与建设工作，当前各级政府都在推进文旅产业互融建设，然而能否发挥效能取决于政府的规划是否科学合理。

第二，从区域经济发展情况分析。张琰飞等人提出，在两大产业互融的过程中，我国东西部经济发展程度不一样，二者的边际影响不一样，通常来说，我国西部地区的文化对旅游发展的边际作用略大一些，因此需要加强产业间旅游对文化的影响；东部区域则相反，旅游可以促进文化的发展，因此要进一步增强区域文化的挖掘与创新，推动两大产业的联合发展。一般而言，区域经济的发展对两大产业互融作用较大。从另外的视角分析，产业链与区域经济发展程度的完善程度有着很大关系，产业链条越完善，区域经济发达程度越高。所以，要使两大产业更好地互融，就应当进一步完善本地经济中的产业键条建设，特别是与两大产业相关的产业链条。在经济发达区域加强文化建设，在经济发展相对较弱的区域，借由产业链条推动地区经济发展，进而促使两大产业互融。

第三，从地区文旅资源整合方面分析。从宏观视角出发，文旅产业融合出现较早的区域，如：湖南凤凰城、浙江宋城、深圳华侨城、苏州古城保护区、西安大唐芙蓉园，当前俨然已经变为深受文旅游客追捧的旅游目的地。从产业经济学的视角分析，两大产业要想实现最大程度的互融，应该以产业链条作为突破口，再依据新的要求进行整合，主要表现为产业链条完成自我重组与解构的过程。张海燕等学者就关注两大产业的互融，通过研究两大产业的一部分企业率先借助自身产业链条上的价值，发现自身价值活动的优势与劣势，再借助技术的创新，打破原有产业界限使二者互相渗透；或者延伸至对方原有的产业领域，再融合它们自身的内在价值对旅游产业与文化产业价值活动完成重组、创新与整合，最后再整合优化从而形成包含旅游产业与文化产业关键价值活动的全新价值链条，最终完成文化产业与旅游产业的互融发展。

第四，商会、协会等行业组织对于两大产业互融也起到了一定的引导作用，特别是与两大产业有关的行业组织。两大产业的互融，实质上是两个单独的产业部门彼此关联，然而这一关联除了深受自身发展规律的影响之外，还会受到外界的作用。行业组织是行业成员利益的维护者与代言人，同时也是政府与行业成员间的协调者与沟通者。行业成员借由行业组织，完成与政府间的理性化与组织化，进而有效地克服了行业成员因为个人博弈产生的非理性与弱势化的缺点。

五、文化产业与旅游产业的产业链融合实践

从文旅产业链条中的不同步骤来看，旅游业与文化产业通过"生产—营销—消费"等步骤进行彼此互融，其中最为重要的是文旅产品的"生产环节融合"。

（一）应用产业链整合延伸机制促进文化旅游产品生产环节融合

应用类产业链条整合延伸机制促成文旅产品生产。在旅游业六要素中，"行、吃、住"是两大产业在生产环节互融的辅助要素。"行、吃、住"行业与文化创意互融，可以展示不同区域的特色文化，加强旅游消费者对旅游地的文化体验，丰富文旅商品的文化内涵，提升旅游消费者的体验感与满意度，从而吸引更多游客。

"游、购、娱"是两大产业在生产环节互融的关键要素，因此应在旅游商品生产环节就提前设计好旅游纪念品、景区表演项目以及游玩项目。可以借助文旅资源的整合，创造出全新的文旅商品，提升旅游商品的文化内涵，打造旅游文化品牌，开发出深具特色的旅游商品。

1. 共享资源创新文化旅游产品

旅游业是满足大众精神追求的产业，其关键元素是具有"新、奇、特"等特点的旅游产品或资源。以往的旅游产品或资源大部分是自然景观或人文古迹的原生态呈现，旅游模式也较为陈旧。然而现代的文旅产品是从当地文旅资源的特征考虑，在旅游业产业链的差异性环节中融合文化产业的创意理念，研发出独具特色和吸引力的旅游产品与服务，给游客带来新颖的旅游感受，提高旅游产业的竞争力。比如近些年来发展起来的"印象"系列文旅商品，均是利用高新技术手段将旅游目的地的各种资源有机整合，研发出的高品质的文旅产品，其作为常态化夜间表演项目，使得旅游消费者更加丰富。

2. 提高旅游产品文化内涵

将非遗资源融入文旅产品，提升产品的文化品位。针对传统技艺非遗项

目，借由生产性保护形式，对其合理运用。对传统表演艺术类非遗项目，其一要强调原生态呈现；其二应通过现代化科技手段，打造令人耳目一新的文旅产品，赢得市场份额，还能够借助网络平台以及影视的方式将旅游目的地宣传推广出去。比如：泉州传承"中国南戏活化石"——梨园戏的方式十分值得推广。泉州为了发展当地戏曲，建梨园剧院，定期进行原生态的戏曲表演，并把较受观众欢迎的曲目拍成电影，在网络上进行宣传与推广。

3. 打造文化产业和旅游业的共同品牌

依据本土文化旅游资源的特殊性，大力打造融合文旅产业的核心旅游项目，依托核心项目并向外扩充，进一步完善产业内部的配套设施，从而促使两大产业同步发展。比如：泉州打造的"海丝文化旅游"品牌，把泉州海丝文旅融合起来。泉州把海丝申遗项目的 16 个景点集合在一起共同构成了海丝文旅之路，同时还按照游客不同层次的需求，对产业链条进行了进一步延伸，完善了海丝景点。比如：阿拉伯人后裔的制香技艺、世界古船模型制作基地、阿拉伯人后裔的生活习俗、中国茶都·安溪、世界瓷都·德化，等等。香料、茶叶与瓷器曾是古代丝绸之路上的重要外贸商品，现如今成为打造泉州旅游品牌的关键元素，不过还需进一步的开发与创新。

4. 开发特色文化旅游纪念品

旅游纪念品在旅游中的作用与地位不容小觑。旅游消费者在当地消费的目的之一就是为了将旅游的美好记忆以实物的方式呈现出来。旅游纪念品因其特有的文化气息与特征，吸引广大游客购买。所以，旅游纪念品的研发至关重要，它需要融入当地的优美景色以及风土人情。当地政府需要大力推动创意性文旅产品的开发，让其成为当地的形象代表。比如：泉州惠安女服饰题材的旅游纪念品，充分运用惠安女服饰的色彩、图案等元素，创作出具有当地风情与民俗文化完美融合在一起且能体现文化特色的高价值文旅产品，它们令旅游消费者回忆起有关惠安的美好印象。

（二）应用产业链整合延伸机制促进文化旅游产品营销环节融合

在旅游价值链条中，旅游营销商与生产商都可以被称为产品价值的创造者。文旅产品的价值通过游客得以体现，旅游过程中的营销是实现产品价值的重要环节，其一方面借助导游对旅游景点的文化特色以及古代名人、历史故事的讲解来提高旅游商品的价值；另一方面需要借助产品价值去吸引旅游消费者，扩大游客数量规模从而提高商品的价值总量。因此，旅游营销商通常借助网络平台推广旅游纪念品等，从而推动当地旅游事业的发展，不断丰富文旅产业链条。除此之外，旅游营销商还能够借助文化进行旅游市场与销售方案的策划。旅游营销商通常会依据旅游消费者的层次需求以及客源地特征，把旅游商品设计出别样的文化体验形式，而后组合包装成为丰富的旅游商品。

（三）应用产业链集聚互补机制促进文化旅游产品消费环节融合

两大产业应用链条集聚补充机制促使文旅商品在消费活动中互融，能够增加旅游服务或产品的价值。比如：景区内的各类演艺项目，也能够增加形式各异的旅游服务或产品，如建设具有文旅结合的主题公园，使游客尽情体验，其中之一便是上海迪士尼乐园。利用现代化科学技术，把娱乐融入旅游消费者的体验中，让游客在消费环节中充分体现出旅游与文化的巧妙融合。

第二节　价值链视角下的文旅融合

一、价值链

价值链（value chain）的概念最早由迈克尔·波特在其著名代表作《竞争优势》中提出。它是这样解释的，"企业作为个体而存在，其都是由生产、设计、交换、营销以及会对产品起到协助作用的多种活动的集合，一切活动都能够通过一个价值链条得以体现"。企业的最终目的就是创造价值，获取经济效益最大化。因此，市场个体的每个生产经营活动同样是创造价值的过程。为了达到这一目的，企业需要开展一系列主要经营活动，包括生产、营销、设计，还要开展对商品起协助作用的各类活动。对此，波特把这些活动概括为两大类，分别为辅助活动和基本活动，如图 3-1 所示。

这些经济活动运动的过程就是创造价值的过程，即价值链的产生过程。需要注意的是，各项生产活动要想成为价值创造环节，就必须使产品（服务）满足消费者的需求，这样价值链才能真正形成。格拉斯和赛琪指出价值链由一系列连续活动构成，即从原材料到最终产品的一系列转换过程。同时，他们还认为价值链是由差异性的经济活动借助各种合作得以实现的，企业发展需要的不仅需要增加价值链还需要创造价值。

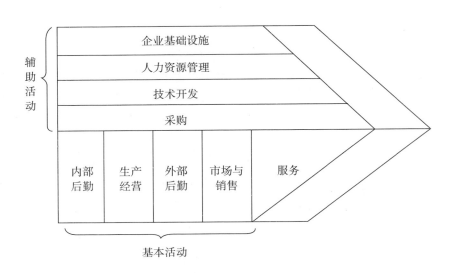

图 3-1 辅助活动与基本活动

当然，波特在研究价值链的过程中只是从微观角度来探究的，他忽视了通过市场的运作实现外部资源的整合。因此，波特的价值理论只适用于企业的内部运作，故而也称之为企业价值链。这种理论观点其实是非常传统的一种观点，事实上，价值链蕴含在由诸多价值链构成的价值体系中，而不仅仅存在于企业内部。目前，可以从两个层面分析价值链：第一，产业内部相关环节彼此联系的企业间构成的产业价值链；第二，企业中不同部门间构成的企业价值链。

波特的价值链理论在各国实业发展的过程中都得到了充分应用，但随着社会经济和科学技术的发展，其局限性越来越明显，因为这一理论是基于传统制造业而提出的，它较为偏重以某一个企业为对象进行的企业内部价值行为理论，所以其很难凭借有效资源创造价值。根据这一状况，众多专家学者开始对价值链理论进行新的探究，希望从不同的角度对价值链理论进行拓展和完善。

二、产业价值链

从产业视角对企业价值链进行研究是指将价值链的方法应用到产业角度中，这是价值链条研究理论在产业组织机构中的应用推广。产业价值链不是随意组合的，而是为了满足消费者的某种需要，以技术、工艺、文化或模式为核心价值而整合起来的关联体。产业链是在产业分工的基础上形成的一种横向或者纵向的协作关系，产业价值链主要是指产业链条上不同企业借由某种价值渠道演变来的价值链条，市场个体的价值链均由产业价值链组成。产业价值链代表产业价值的发展走向，并且将"创造价值"作为终极目标。

产业价值链具有以下两个方面的性质。

其一，结构性质。它主要是产业价值链在产品"生产—流通—消费"的环节中包含的由不同组织与环节构成的链条式结构。

其二，价值性质。它主要是产业价值链在产业链相关环节中的价值互换，即上游资源环节向下游销售环节输送服务与产品，下游的销售环节再向上游资源环节进行信息反馈。

产业价值链条大致分为三个步骤，包括原材料生产与供应中间品生产、最终产品生产。三者之间彼此依存，不可分割。这些步骤还能够进一步划分成采购、服务、研发、销售、运营等环节。不同产业链环节的互融均能体现产业价值，然而并非每个步骤均可以创造价值，通常而言，真正创造价值的步骤仅有特殊的几个，它们不仅是产业价值链条上的"战略环节"，同样还是产业的获益所在。

三、旅游产业价值链

当前，学术研究领域从"供给"层面诠释产业的含义，即生产相同产品或者提供相同服务的企业共同构成了产业。但从"需求"的角度对旅游产业的内涵进行诠释，即"凡是提供或生产顺应游客旅游中所需的行、食、购、住、娱、游等方面的产品与劳务的企业或部门的集合就是旅游产业"。从这一内涵中，我们能够看出旅游产业价值链与传统产业价值链存在很大的区别，它是以旅游者为核心来提供旅游产品的。

旅游产业价值链是担负差异性的价值创造职能的旅游产业和相关企业一起向游客提供产品或服务时形成的各种合作关系[①]。旅游产业价值链的形式是产品生产经营的过程，也是产品供应商向游客呈现价值的过程。当然在产品供应的时候必然会有产品中间商的参与。整个旅游产品供应的流程形成了一个紧密联系的价值链。一方面，价值链体现出"供给—需求"的关系，产业内的企业各自承担着创造价值的职能；另一方面，价值链体现了旅游产业内部企业之间的

① 王莹.乡村旅游公共服务市场化供给研究[M].杭州：浙江工商大学出版社.2016.

分工合作关系。但不论是哪一种关系，其都是把消费者的需求放在首位的，满足消费者的需求才是价值链存在的最大意义。所以，旅游产业价值链条是为了顺应旅游过程中的不同需求而出现的，且以旅行社为核心，与此同时由旅游交通、旅游娱乐、旅游景区、旅游商品、旅游餐饮、旅游酒店等环节组成，如图3-2所示。

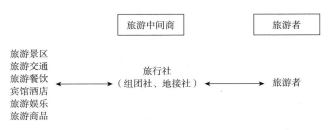

图 3-2　旅游产业价值链

需要特别注意的是，一般产业的产业链是一种纵向的加工链，是借助纵向增值商品的价值而出现的产业价值链条。但是旅游产业的产业链是一种横向的关系，是由食、住、行、游、购、娱等环节构成的组合产品，它们把顺应旅游消费者的需求作为终极目标，借助有效的组织旅游行为达到整体增值的目标。

四、文化产业价值链

文化产业主要是通过对文化资源的开发利用来实现文化产品的价值增值的，其中就有创意策划、制作生产、文化传播、文化消费四个环节，如图3-3所示。

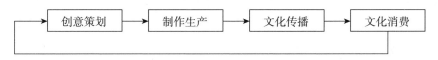

图 3-3　文化产业价值链

（一）创意策划

创意策划是文化产业价值链的初始环节，在这一环节中，创意初步形成，建筑设计、舞蹈创作、摄影和绘画的形象创作等都是通过巧妙的构思、设计、研发出来的具有文化内涵的作品，这些作品与众不同，具有创造价值，也只有这样独一无二且具有一定创新价值的作品才可以使得之后的产品研发变为可能，所以创意是价值链条上的关键核心点。

（二）制作生产

把那些独一无二且具有市场价值的设计、创意，制作成实体文化产品，如：电影、电视剧、游戏软件，等等。

（三）文化传播

各种文化产品通过各类媒体渠道传播给广大消费者，如：电视、广播、网络、报纸刊物、网络运营商、演出经营场所，等等。

（四）文化消费

文化消费是文化产业价值链条的终极点，能够对价值链条的一系列活动进行信息反馈。游客依据各自需求购买不同的文化产品，实现多种方式的文化消费。

文化产业价值链条的增值过程可以用"微笑曲线"描绘，如图3-4所示。从图中可以看出，处于上游且附加值较高的是创意策划，它是整个文化产业价值链的核心，它创造的利润比较高；制作生产环节创造的附加值相对较低；处于下游的文化传播、文化消费附加值极高，但可能会出现衍生产品。

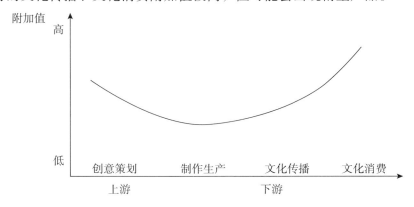

图3-4　文化产业价值链的增值过程

五、旅游产业价值链与文化产业价值链的解构与重构

从产业价值链条层面分析，两大产业互融的过程就是新的产业价值链条产生的过程，其本质是两大产业链在模块化基础上重构与解构的过程。

在模块化的基础上，两大产业链发生的解构与重构是指对具有可分解性的系统各部件进行创造性的分解以及再整合，实现复杂系统的创新。具体来说，是将旅游产业价值链与文化产业价值链分解成一个单独的价值模块，依照某一关系对模块进行创新与重组，进而完成两大产业的互融，形成全新的产业价值链。解构产业链条就是为了对模块进行重组，重构全新的产业链，但重构就是为了把产业价值链的不同环节融合成具有补充性的价值增值步骤，使得两大产业链实现有机融合，进而创造更大的价值。

两大产业链的互融，不仅使得以往的产业链得到保留，还使原产业价值链的内涵得到丰富和发展。融合之后的产业价值链不仅可以突出产业功能，而且兼具旅游产业和文化产业的优势，具备更强大的产业竞争力。同时，在融合的过程中，随着消费需求的转变，文旅产品的特点也随之变化，这又促使融合后的产业价值链进行深度重构与解构，促使两大产业在更深层次、更大范围上实现互融。

第四章　文化产业与旅游产业融合发展的机制研究

第一节 文化产业与旅游产业融合发展的模式

一、模式

模式一词涉及内容范围较广，具体来说，模式指事物的标准样式。《辞海》中也有关于模式的详细解释：一般而言指可以作为范本、模本的式样。有专家指出，模式是用来说明事物结构的主观理性形式。法国莱维·施特劳斯指出理性的研究方法应该划分成结构主义的或还原主义的。

总而言之，模式能够当作系统之间或内部间有关各要素中的运作流程以及组合方式的标准样式。模式中包括三个元素：功能、机制以及目标。一般而言，产业融合模式就是产业针对特定对象进行的具有某一特色的融合特征与融合方式的综合性概述。

二、文化产业与旅游产业基于概念模型的融合模式的界定

从概念模型的角度分析，应该分别在同一融合模式与不同融合模式这两种情境下，对旅游产业与文化产业融合现象与本质的同一性与差异性展开探讨。鉴于以上观点，本书对旅游产业融合模式进行了定义，具体如下：首先，旅游文化产业的被动融合主要是指文化产业中的某一无形要素超越了其与旅游产业间的产业界线，进而使得旅游产业链发生改变，并形成一种旅游新业态的过程。其次，旅游文化产业的主动融合主要是指旅游产业中部分要素超越了其自身与文化产业间的边界线，进而对原有的融合产业链产生一定的影响，使得旅游文化业态发生了新的变化的过程。最后，旅游文化产业的互动融合模式是指旅游产业与其他产业在互相融合时，同一时间出现了被动融合与主动融合的完整过程。可以说，旅游文化产业的被动融合充分体现了文化产业链对旅游产业链的作用与影响的过程。而旅游文化产业的主动融合完美彰显出旅游产业链对文化产业链产生作用的过程。最终两者之间的相互融合则彰显出文化产业与旅游产业的产业链间彼此作用的过程。

三、文化产业与旅游产业基于概念模型融合模式的作用

（一）体现了旅游产业与文化产业融合本质的原因、过程和结果的统一性

以往关于文化产业与旅游产业融合模式的研究都是基于产业融合理论中的渗透、交叉模式以及基于产业链的交叉渗透、横向拓展、纵向延伸的模式。可以说，这些融合模式都并非是从文化产业与旅游产业融合的本质出发对模式的概念展开的探讨，所以没有真正意义上将文化产业与旅游产业融合的本质特征体现出来。由于没有明确的概念界定，部分模式难免会出现彼此间重叠与交叉的现象，可以说，脱离了融合的本质原因对旅游产业融合模式进行定义在某种程度上并没有解决对模式进行本质上概括的问题，从而无法将所有融合现象进行统一与概括。以上旅游产业融合模式的研究只是凸显了文化产业与旅游产业相互融合过程中彼此影响与作用的方式，并没有在彼此作用形式下从融合结果的角度进行分析与定义。宏观来看，融合本质原因、结果与过程是旅游产业融合的产生、发展以及形成进化的过程，由此可见，旅游产业融合模式的界定应该基于原因、过程与结果进行分析。因此，从概念模型的融合模式出发，它体现了文化产业与旅游产业彼此互融的整个过程。相同模式下的文化产业与旅游产业互融有统一的产生、经过以及结果，但是具有差异性的融合模式间彰显了融合特点的本质差异。基于概念模型的文化产业与旅游产业融合模式可以轻松解决脱离融合本质探讨融合模式概念的问题，它不仅可以对差异性融合现象进行总结，还能完美凸显出融合的本质属性。

（二）准确识别旅游产业与文化产业融合的可行性

虽然旅游产业的边界相对模糊，体现出较易与其他领域的产业相融合的特质，但是这并不能说明旅游产业能够与任何产业相融。在融合本质的基础上对差异性模式进行划分，可以确定文化产业与旅游产业在不同融合模式下究竟应当如何融合的问题。当文化产业与旅游产业被动融合时，旅游产业只有具备主动融入文化产业无资源平台的能力，才能促使相应的要素进入到旅游产业当中，从而实现旅游产业新业态的形成。当二者主动融合时，被动融合的一方需要具备吸引游客的特质以及构成旅游文化资源的资本，由此旅游业才能在此基础上对其服务内容进行延伸与融合。所以，在政策制定方面应倡导旅游产业

主动与极具旅游开发潜力的文化产业相融合，与此同时，推动旅游产业与范围较广的融合要素资源平台的文化产业相融合。这样的政策导向既能提高融合的效果，同时又能很好地规避由于全力开展文化产业与旅游产业相融合带来的盲目性。

（三）完全掌握旅游产业与文化产业融合中改变与被改变的过程

基于概念模型基础上的旅游与文化产业交融模式主要彰显出不同交融模式下文化产业与旅游产业相互影响以及前者促使后者发生转变的过程。在旅游产业被动融合的情况下，需要借助能够促使文化产业交融中的无形要素在后者得以实现的共享平台，必须积极推动文化要素在旅游当中一切具有此资源平台的环节得以运用，进而增加前者对后者作用所带来的创新价值。可以说，两者相互融合能够使两者相互影响与改变。所以，文化产业改变旅游产业的产业链时应该尽可能多地创造文化领域无形要素的资源平台，在选定旅游相关资源的基础上，大力开发旅游文化产品。旅游产业主动融合的情况下，应在文化资源应用平台上进一步丰富旅游服务形式，从而生产出新的旅游产品，进而在此不断开发新的与之相关的文化产品，最终实现旅游文化产业链条的改变，同时也促使旅游文化新业态的出现。所以，对于主动融合模式下的融合现象，应该在创新旅游文化产品的基础上，进一步开发新的衍生产品，从而推动旅游产业对文化产业产生影响与作用的进度，加快文化产业与旅游产业积极融合的过程。

（四）重新认识旅游产业与文化产业的融合结果

以往关于文化与旅游产业间融合模式的学术研究中仅提出了新业态或者新产业等创新模式的产生，没有把融合的原因、过程与结果等因素综合起来考虑。所以，根本无从辨别出旅游产业差异性，以及融合模式及普通模式下产生的融合结果的区别。两者间的融合模式具备差异性的创新结果，表明了差异性的融合效果。如果不考虑融合模式进行分析，就会造成融合绩效的不真实。在概念模型基础上把其结果与过程融合到一起进行分析，有利于辨别差异性的融合结果出现的过程与原因，并且可以在不同的融合时期重新了解两者融合创新转变的过程。被动融合的最初阶段主要表现为一些功能模块的创新，主动融合的最初阶段主要是指旅游文化产品的研发与生产。

（五）进一步阐释旅游产业与文化产业融合的概念内涵

如今，文化产业与旅游产业融合的学术研究还没有形成完整的概念体系，亟待从融合本质原因的角度对融合的内涵进行再次构建与梳理。只摆脱概念本质的学术研究只是停留在现象的归纳阶级，不可能精准地识别两大产业融合的本质特点，所以并不会推动两者的进步。在概念模式基础上提出两者融合发展模式，从理论视角总结归纳了双方融合概念的所有含义，从现实角度对两者的融合现象进行了总结，因此可以进一步理解两者融合的本质特点，与此同时更好地引导两大产业融合的发展趋势。

（六）明确旅游产业与文化产业融合发展的实践方向

当下的文化产业与旅游产业融合的学术研究并不完善，还不能精准地引导产业融合的实践发展。倘若学术研究对两者融合的本质特点掌握不精准，就会造成实际中两者无法达到理想状态的融合。在概念模型基础上的融合模式研究对差异性模式下的过程、结果以及融合的本质原因给出了确切的定义，深化了对两者融合模式下的创新结果、前提条件以及产业链改变过程的理解，因此可以明确指导两者融合具体活动的发展方向。

四、文化产业与旅游产业融合发展的具体模式

文化产业与旅游产业融合作为一种与众不同的经济文化现象，是两大产业发展到特定时期必须要面临的转型升级的客观需要。两大产业的融合使得文化产业中的无形要素渗透到旅游产业，从而提升了旅游品质、丰富了旅游内容，与此同时，文化产业也因为旅游产业的开发与发展变得更加富有活力。文化产业与旅游产业融合的模式多种多样，当前比较盛行且能够实施的模式包括政府引导型模式、市场主导型模式、旅游带动型模式。

（一）政府引导型模式

本书认为政府引导型模式主要应围绕政府、政策和环境展开。

1. 转变政府角色

为使两大产业加快融合，政府角色正在发生着转变，具体表现如下：
第一，政府要为文化产业与旅游产业融合的发展打造适宜的环境。通过出

台相应的政策，制定符合市场发展需求的法律法规，从而实现市场的规范化管理。

第二，政府要为两大产业的融合放松产业管制。这其中有为促进两大产业交融发展而对传统体制、政策与管制进行的转变，通过这些举措消除当下旅游产业管制模式中的负面影响。

第三，政府要为两大产业融合发展制定相关的政策法规与技术支持。其中包括大力发展技术并强化在两大产业融合中的作用，促进文化产业与旅游产业融合发展进行的规则的转变，加强社会性与激励性规则的进一步完善。

2. 提供政策支持、法规保障和管理协调

鉴于政府在旅游产业与文化产业融合中扮演的不同角色，构建了基于多角度的政策支撑体系。

（1）政策支持方面。政府要借由搭建共享资源平台并提供资金支持与优惠政策，推进和引导文化产业与旅游产业融合的发展。首先，提供资金支持。政府应该筹集与设立相应性质的资金并且提高企业对这些资金有效运用的能力，加大其对资金运营与统筹的能力，加大扶持力度进而促进两大产业的融合发展。具体包括设立包含动漫旅游发展基金、旅游演艺发展基金、旅游电子商务发展基金以及影视旅游发展基金在内的各种专项基金，成立产业融合基金会。其次，构建旅游资源平台。政府应该举办"节庆展会"以及"文化创意产业园区"活动，为两大产业的融合发展创造良好条件。最后，制定优惠政策。例如：土地流转政策、发展政策以及税收等优惠政策，从而扶持两大产业的融合发展。

（2）法律保障方面

以旅游产业与文化创意产业的融合发展为例，两者的融合是借助创意思维进行主题策划、产业创新与要素整合的结果，这一创意结果与融合模式的突出特征极其容易被复制与模仿，所以法律需要采取一定的措施对其创意结果有效保护。具体来说，不只是保护创意成果本身，同时还包括由它衍生出的版权、商标权、知识产权以及专利权。只有这样，政府才能通过对知识产权的有效保护，形成促使文化创意产业与旅游产业融合发展的竞争环境与法律保护环境。

（3）管理协调方面

政府作为两大产业融合发展中的协调者，需要做出几点：第一，需要清除企业中的多头管理与行业壁垒，要厘清管理体制，主要是指转变当下旅游景点与分属林业局、园林局、旅游局和文物局管理的复杂局面，解决不利于两大产业融合的政策法规；第二，要加强统一管理、重设管理机构，主要是指从各有关部门抽调一定数量的人员，重新设立一个全新的机构，即当下的文化产业园区管委会，使其对两大产业融合项目行使统一规划、服务、审批以及管理等职能，进而为两者的融合发展提供便利的服务保障与政策环境。

3. 形成产业融合共识、营造发展环境

如今，在旅游供给出现新的特征、旅游产业出现边界模糊特征、产业融合呈现新的走向、旅游发展遭遇新瓶颈的背景与前提之下，旅游行政有关部门应达成产业融合共识，主要是指文化产业对旅游产业具备提升与渗透作用，而旅游产业对文化产业的发展具备扩散与引致效果，所以产业融合是产业升级转型、完成超越的必然趋势与内在规律。

基于这一发展理念，需要创造两大产业融合发展的良好环境，促成产业融合发展所需的"激活思维"，促进企业间的相互合作并借助先进技术为企业提供"交流、资讯、交易、商务、营销"五位一体的综合资源平台，为两大产业融合创造机会。只有这样才能接连不断地为旅游产业提供具备核心竞争力与独特卖点的旅游文化资源，并促成旅游产业与文化产业彼此依存的融合发展。

从旅游开发者的视角出发，他们更多追求的是利益最大化。但是过于追求经济效益的后果就是忽略了对生态环境以及历史遗迹的保护，这会严重影响游客的旅游体验。所以，用旅游市场推进文化产业发展、弘扬与保护民族传统文化不但具有可实践性，而且具有一定的迫切性。优秀传统文化需要后代的继承与发扬，需要借助旅游市场对其加大推广与发展的力度，在这期间尽量避免文化发生质的变化。在文化与旅游两大产业的融合当中，政府以监护者的身份开发与协调保护，从宏观视角调控产业经济效应。旅游活动通过游客完成，因此要使游客在旅游中感受到旅游目的地的人文气息与当地文化特色，进而增强大众的文化遗产保护意识，不可随意破坏文化历史遗迹与文物。游客对旅游目的地的了解主要借助旅游解说系统。通过旅游解说系统，旅游者可以更加精准地认识、理解、欣赏当地的文化，传承与弘扬中华优秀传统文化，从而达到保护中华优秀传统文化的目的。

（二）市场主导型模式

1. 提高大众认知力，引导旅游消费

如今，旅游市场不断发展，对于两大产业来说，培养具有一定水平与数量的消费群体，不仅能够引导创意产业的发展，还能够再次扩大基础消费市场。为了保持两大产业的融合稳定、持续、健康的发展，在当下两大产业融合的领域之内，可以借由以下三种渠道吸引更多游客。

第一，培养旅游群体的认知能力，不断提高其对文化产业的接受程度。随着大众生活水平的不断提高以及数字信息技术的迅猛发展，通过网络平台对旅游消费群体进行培养成为一个重要手段，这对提高旅游文化产品的认知水平与接受能力具有极为重要的作用。所以，旅游文化产业能够与新闻出版业、印刷服务业结合，借助建设博物馆、数字电影放映网络系统、文化旅游在线高峰论坛与数字广播电视信息平台等方式服务旅游消费者。这些方式在一定程度上能够培养与拓宽消费者对旅游文化产业的认知与对国内历史文化特色的了解，它还为产业发展的普及化与多元化提供强有力的内驱力。

第二，深度研究游客心理，研发顺应大众心理需求的文化产品。发展旅游文化产业实质上是通过引导游客的相关消费需求拓展新的消费领域，培育新的旅游文化消费群体，以此实现借助旅游消费拉动经济稳步增长的长远目标。所以，我国新型的旅游文化项目与产品研发，应该从旅游消费者的视角分析，依据其认同感与需求层级的不同，设计与生产出针对性较强的旅游文化产品。在形式方面，借助改造环城公园、博物馆等具有浓郁文化气息与厚重历史感的领域，利用高端技术与创新理念，策划并创造出集休闲社区、度假房产、旅游观光等为一体的旅游文化新业态；在内容方面，借助融合两大产业资源营造旅游文化氛围，设计生产与营销推广集艺术性、实用性、附加值、文化性于一体的旅游产品，通过以上措施能够更好地满足游客不断提升的消费需求心理，与此同时，还能不断开拓新的消费市场，创造更大的创新价值。

2. 开发文化旅游产品，挖掘文化旅游需求

产业融合是指旅游有不断扩大的消费市场，将文化产品带入旅游市场，通过不断推广与宣传文化产品进而促进文化产业快速发展。然而融合并不意味着盲目地创新文化产品，而是要依据市场发展规律循序渐进地推进其发展。两大产业彼此间融合只有依据市场发展规律，寻找恰当的融合机会，才能发挥出市

场在资源配置中的决定性作用。只有以市场需求为导向的产品才是具有消费市场的产品，也只有这样的产品才是真正能够满足旅游消费者需求的产品。

通过企业实现产业融合。游客的需求具有个性化与多样化的特征，因此企业为了进一步实现利益最大化，必然会选择生产更加符合市场需求的新型旅游文化产品。这种新型产品就是旅游产业与其他产业融合的结晶。特别是文化旅游产品，它是文化与旅游产业融合的产物。因此，文化产业、旅游产业的相关企业可以通过相互沟通合作、共享市场、取长补短，从而形成新的融合产业。

新创意会产生新财富、新商机、新产品与新市场。创意产业的源头是鼓励新创意的出现，所以激发游客的购买潜力与消费欲望是创意产业在市场中求发展的基础。发展旅游文化产业，培育新的消费群体，实质上是立足于挖掘新的消费需求，创造游客价值，开拓新的消费空间从而实现消费拉动经济发展的新模式。

因为旅游产品的内容主要来自于价值观念，所以其属于精神需求层面的产品。游客的心理需求有着十分巨大的空间与潜力，它是马斯洛需求层次理论的关键所在。因此，最大程度地思考并且挖掘与激发游客的旅游文化需求，自然变成从游客价值角度创造产品与产品设计角度的必然要求。与此同时，还应依据消费者的不同需求以及价值观念，有针对性地开发创意旅游小品与旅游文化产品。通过不断创新旅游产品刺激消费需求，进而获得新财富的双赢目标，达成新需求的创造。

（三）旅游带动型模式

旅游带动型融合模式可以分为被动与主动融合两种模式，然而两大产业融合发展应该被看作主动融合，这种融合模式的特点具体表现如下：

首先，旅游产业融合的本质原因是旅游服务越过被融合产业与产业边界当中可以使其服务得以延伸与应用的载体，所以旅游产业主动融合中的被融合产业只有包产有形的资源载体，才能和相应服务这一无形要素融合到一起使得被融合产业相关功能与链条发生改变。

其次，早期的旅游产业主动融合是在以往产业的有形要素的基础上形成新型的文化旅游产品，在提升产品质量与丰富产品数量的基础上逐步形成满足游客需求的其他衍生类文化产品。随着以往产业链中生产环节的变化，产品销售与资源开发环节也发生了相应的改变，进而改变了以往产业的功能与作用，形成了不同于以往的旅游新业态。

最后，旅游产业主动融合初期主要表现为旅游新产品的研发与生产，之后逐步发展出旅游产业的新业态。旅游新业态与新产品不断丰富与扩展旅游产业的有关产品的体系，改变了以往资源观念对于旅游规划与开发的影响。

在旅游带动型主动融合模式特征的基础上进行分析，本节阐述该模式下的旅游产业融合发展的相关意见，以便更好地指导具体活动中旅游主动融合现象的改变。

1. 改变旅游资源观，鼓励旅游产业与文化产业主动融合

文化与旅游两大产业交互融合时，文化产业必须要具有创造价值，吸引游客、开发价值的特点，这三个特点构成其成为旅游资源的可能性，以便旅游服务融合扩展该产业的旅游服务效力。在国务院与国家旅游部门相关文件的指引下，全国各地的旅游产业与文化产业相互融合发展的前景一片光明，工业旅游与农业旅游已经初具发展规模，影视旅游、旅游演艺、旅游装备制造、旅游电子商务、旅游地产等也取得了突飞猛进的发展，两大产业交互融合的深度不断加大，辐射范围日益扩大，在选择融合对象时，要根据产业融合的有关理论基础，有目的、有步骤地开展产业融合，杜绝一些跟风式的产业融合活动。

为促进两大产业之间的融合，政府需要转变其以往的旅游资源观，关注旅游消费者的审美需求，重新辨别共享资源要素，主要选择开发价值较高且具有极大吸引力的资源。旅游行为已经从观光转向了体验休闲度假，以往具有单一的观光功能的旅游产品早已不能满足游客的审美需求，现在的旅游产品已经变成了集娱乐体验、休闲度假、参观游览等各种旅游需求为一体的产品。政府要根据旅游消费者的需求对旅游资源进行市场可行性的完善与针对性的改造。政府应根据游客的需求把极具历史文化与民族风情的资源开发为旅游产品，促进两大产业不断融合，改变以往原有的旅游资源观。旅游资源观的更改可以进一步拓宽旅游产业融合的渠道，充分利用旅游资源，实现两大产业彼此融合的发展。

2. 开发旅游相关产品促进旅游产业与文化产业主动融合

两大产业主动融合阶段，第一，在建立文化资源平台的基础上延伸旅游服务，研发新的旅游文化产品；第二，在原有产品基础上持续开发新的旅游产品，通过变更原来产品设计，开发与销售环节的形式实现产业链的改变。在研发旅游有关产品时，要坚持以融合文化产业中的资源介质为基础，否则极为容

易使得旅游新业态失去原有文化产业的相应特色。比如：以被融合文化产业资源为基础的旅游相关产品的开发与核心产品一起构成旅游新业态的产品体系，从而更好地体现融合新业态的特色，更好地满足游客的需求；在旅游产业与农业文化的主动融合中，餐饮产品的开发以农家餐饮、绿色饮食为主，住宿产品的开发应使农村住宿文化资源体现农业旅游特色，旅游商品的开发也应该以农业文化产品或者农村手工艺文化产品为主。

3. 因地制宜，促进旅游产业主动融合

政府在对旅游产业与文化产业融合相关政策的制定上，虽然应该大力提倡和引导，但是仍然需要注意因地制宜、因时制宜。在旅游产业与文化产业主动融合中，对被融合文化产业的选择主要取决于该产业中的文化资源基础。我国各地区的文化产业各具特色，并不是所有地区都适合旅游产业对文化产业进行主动融合。近年来，海南省推出亚洲博鳌论坛，实现旅游与论坛的成功融合，青海省积极打造环青海湖自行车赛事，实现了旅游与体育的成功融合。因此，旅游与文化产业主动融合中应结合不同地区的优势产业和特色产业，有针对性地选择被融合文化产业的相关资源。

第二节　文化产业与旅游产业融合发展的手段

一、文化产业与旅游产业融合发展的资源整合手段

（一）以规划整合带动资源整合，实现文化旅游产业融合良性发展

对文化与旅游资源的整合应扩展全国范围进行整合，然后规划其发展。整合规划指基于现有的成熟路线提出了以"大点"——精品线路中的国家4A级以上的旅游景点或世界遗产带动地域性的"小点"——旅游文化景点共同发展，以"长线"——与价值较高或处于主要交通干线上的景点相连接的旅游路线引导"短线"——连接"小点"或者处于次级交通干线上的旅游路线，将旅游路线与旅游景点整合成大小不同的旅游网络，以较大规模的旅游网络带动较小规模的旅游网络大力发展的整体规划思路。从本质上看，旅游资源的整体规划整合就是整合旅游资源的"点、线、面"，按照旅游资源管理中的"小轴"思路

进行整体管理。作为整合的基础，点的选择极为重要。旅游资源的整合过程不仅要做到"大化小"，同时也要注意"小成大"。在规划时注意在大点的基础上，将价值或等级相近或相同的大点连接成大圈，围绕着大点，对文化内涵互补或者对相同、相似的小点资源进行整合，形成多个从中心大点向四周小点辐射的小圈，以形成"以大圈带动小圈""以小圈簇拥大圈"的互相促进、共同发展的旅游文化产业发展格局。

例如：山西省晋中市，有集中且丰富的民俗文化旅游资源，可将其规划成"大面"。结合城镇化发展中"一核一圈三群"的思路来看，太原尤其是其周围都市圈的规划非常重要，它是晋中地区县市发展的核心地区，发挥着不可或缺的作用。"敢为天下先"的晋商文化和与之相关的富商大院文化是最能展现晋中地区民俗文化的历史资源，其中，无论是太原还是平遥古城（世界文化遗产），均为知名地区。在山西省内，基于这两个地区的知名度和影响力，晋中地区可将这两个地区作为两个规划整合的"大点"，对中部区域进行盘活，甚至可以尝试覆盖全省。太原的发展规划，可从晋祠入手，以晋、赵文化作为重点开发对象，联合河北，构建区域联动局势。而平遥的发展则可以联合晋中大院的实际条件，按照集群化、规模化的旅游产业的发展要求，打造大院文化旅游长廊联动居民古建旅游走廊的旅游"大面"。

一方面，结合晋东南区域的自然景观与旅游文化资源，打造"红绿古游和红绿游"。同时，参考长夜太行山大峡谷的开发规划，以省际联动的方式，将太行地域风光在全国以致世界的影响力扩大，打造以黄河与太行风光为主题的旅游文化。另一方面，进一步向南开发至运城与临汾，扩大规划范围，串联起临汾尧庙、晋城炎帝陵、女娲陵、运城舜帝陵庙与关帝庙等多个核心景区，打造晋南寻根祭祖文化旅游区。与此同时，借助女娲补天、后羿射日、愚公移山、大禹治水、精卫填海等一系列晋南地区精彩的上古神话传说，为景点注入中华民族远古文化之魂，建设起一片独具魅力与特色的神话文化旅游区，将文学中引人入胜的上古神话展现给游客。

依据上述思路，可以结合不同的旅游层次即游客不同的喜好需求对特色旅游产品和旅游路线进行开发。例如：为中小学生提供"红色游"，促进其形成坚定的爱国意识和良好的动手能力；向大学生提供"文化游"以及"探险游"，满足其对新奇刺激的追求，同时增强其文化知识涵养；面向老年人的"民俗文化游"可以实现他们在精神方面的追求；还有为情侣提供的"爱情文化游"，在牛郎织女传说与《西厢记》两个故事的发生地为其提供特色文化旅游体验；对于旅游地区的游客可提供"一两日游"，对国内游客可提供"三五日游"；以"古建文化游"面向欧美游客，以"关公文化游""根祖文化游"面向东南亚游客，以"遗址游"及"考古游"面向广大学者。在开发农耕文化方面的旅游资源时，可以适当创新，向其中融入带有传统文化色彩的各种符号与因素，进行理念和实践两个层面上的创新。

总而言之，将"多层次需求"与"个性化设计"结合引导发展，按照"大带小"和"小促大"的思路进行开发，在建设骨干线路的基础上，以其优越的旅游资源优势，进行创新开发，打造特点鲜明、规模各异、消费层次多样化的专题旅游路线，推进文化与旅游两大产业的融合与发展。

（二）以核心产业整合支撑产业，构建旅游文化产业融合发展平台

支撑产业与核心产业之间具有共生的关系，二者相互依存，相互促进。核心产业需要在具有针对性、目的性的支撑产业的支持下才能得以发展，而支撑产业又需要依靠核心产业的带领才能得以不断完善。换言之，核心产业的要素及特点为支撑产业的发展提供强大的指导，从而实现两大产业循环促进、协作共赢的发展局面。

利用核心产业对支撑产业进行整合，即以核心产业的发展需要为依据，将对应的支撑要素进行统筹安排，构建促进核心产业发展的平台。这一规划的实现，需要文化旅游产业充分发挥其强大的带动作用，以此促进和实现相关基础设施产业的整合，即凭借文化旅游独特的扩散效应推进住宿餐饮业、制造业、交通业、旅游产品销售等多个产业共同发展，完善文化旅游产业的游、行、购、娱、吃、住等功能。

可以看出，旅游产业与文化产业融合后的核心产业，在整个产业中的循环影响通过产业链条的循环发展辐射性扩散，而后向相关链条中的所有支撑产业传递产业优势，促进与旅游相关的各项产业快速发展，可从以下方面看出：

1. 依托文化旅游方式，全面提升购物水平

以山西地区的旅游开发为例，鼓励根祖文化以及晋商文化的旅游景点采用前店后场的经营模式，在各区域内鼓励高水平民俗民风特色工艺品作坊的创办，研发一批兼具地方特色、文化含量高、技术含量足的旅游工艺品，提高游客的购物消费水平。

2. 借助文化旅游业，重点发展特色餐饮

例如：在河南旅游开发中通过弘扬与推广河南的面食文化，将豫菜的特色呈现在人们面前。可在旅游景点开辟专用餐厅或者创办旅游类饭店，将各地的烹饪工艺及传统餐饮挖掘出来，将各地餐饮的特色文化通过食材原料突出地表现出来，打造出一批名气足、特色强、能致富、营养高的餐厅品牌和特色餐饮产品，并将菜品、标志、价格、品牌形象统一，便于向国内外市场推广。

3. 以文化旅游为主，加快发展大众娱乐

由于缺乏活文化，我国旅游资源虽然十分丰富，但是未能转化为优势。我国旅游资源大多表现为不可参与的静态资源，因此，要想开发建设具有较高趣味性和参与性的文化娱乐项目，对国内的民俗文化进行深入挖掘，寻找和利用其中最具代表性的元素，通过创新设计，打造成为雅俗共赏、具有深厚传统文化内涵的文化娱乐产品，对地方特色浓厚的、具有代表性的资源重点开发，设计特色文旅产品，吸引顾客注意，使其主动参与体验。以"娱"促使文化旅游获得更丰富的内涵，助推其他产业共同繁荣，打破以往仅仅依靠门票收入的"低效"局面，将文化旅游的强大带动力充分展示出来。

4. 以旅游文化为主，积极培育新型旅游业态

只有将文化旅游业与其他相关产业充分结合，创建大区域化发展和大旅游的规划思路，才能将其联动效应更充分地发挥出来。为此，可结合各层次游客的品味与偏好，开展工农业、采摘、观光、休闲度假、体育赛事以及商务会展等多种类型的文化旅游业态，打造层次多、品牌多、形态多样的旅游文化产业体系。

5. 以旅游文化效益带动公共服务水平，加强基础设施建设

在旅游文化产业发展方面，利用旁侧效应，依靠前期旅游文化发展的力量带动基础设施建设，进而推进旅游文化建设。无论农村地区还是城市地区，均需要面对旅游文化产业配套服务设施建设不完善的问题，其主要表现为旅行社不具备足够强大的品牌效应，景区没有水平与之匹配的服务管理，信息的标识与咨询、国际通信以及外币兑换等不完善，目前仍与国家标准相差甚远，无法达到市场要求，现阶段景区仍缺乏高技能管理型人才、多语种导游服务，这些问题对两大产业的融合与发展形成了障碍。因此，向旅游文化地加强服务业的建设以及服务管理水平都非常必要。

总体来说，为了促进旅游产业与文化产业的融合发展，应从酒店服务业与餐饮业的"吃、住"两大环节出发，继续提高服务标准和质量；继续建设交通方面即"行"环节的基础设施，如：加强高速公路、铁路及民航等基础交通设施的开发和发展，以景区道路和交通干线为主，建设良好的交通环境，增强景区的交通功能；从娱乐与购物两个方面加强景区"购"环节的建设，从形式、质量、数量、内容各个方面发展旅游文化产品；从景区旅游电子商务、旅游电子政务、标牌解说系统、旅游信息库、旅游服务中心、公共厕所、旅游金融服务、自驾车服务体系及旅游图片库等方面加强"游"环节的建设；建设故事演绎文化园、主题文化公园等地方特色凸显的大型娱乐项目，强化"娱"方面的发展；在旅游安全、环境建设、医疗保障方面构建更安全、可靠的保障体系，构建促进两大产业融合发展的广阔平台。

（三）以大景区整合分散资源，实现旅游文化产业集群化发展

大景区通常指 4A 级以上的国家景区以及世界文化遗产，这类景区通常具有较高的级别、较大的规模和深厚的文化内涵。基于大景区的静态效果，对分散的文化资源进行移植整合，促进文化与旅游两个产业的集群化发展。从产业集群理论来讲，现在我国具备旅游文化产业集群化发展的区域有很多。首先，一些旅游企业现已表现出了聚集性特征，与此相关的行业、企业都会影响其所在旅游区域的市场竞争力，与旅游地相关的利益群体聚集在一起也是形成文化与旅游两大产业集群的关键性条件。其次，在旅游区域聚集的多个企业之间也有着非常紧密的产业联系，这些企业之间共享信息和知识。由此可看出，在国内各个旅游区域中，当地居民、旅游产品供应商、旅行社、旅游宣传机构与为当地旅游景点提供基础设施的企业或单位均属于利益相关群体，它们在行为理念上达成的共识与共享的信息都对当地旅游业的可持续发展和健康运营有积极的促进作用。最后，旅游区域应具备一定的创新能力，分布于同一区域中的旅游资源往往较为分散，旅游观念参差不齐。针对这一点还需向发达国家借鉴开发建设的先进经验，以持续的创新建设为落后区域分散的旅游文化产业的串联提供强大的动力。

（四）以跨区域合作整合旅游文化资源，促进旅游文化产业融合

一方面，深入开展招商引资活动，提高资金的利用率，促进旅游文化产业

融合发展。如今，很多省份已经获得了综合配套改革试验区的资格，这有助于加强各省的资金流入。在这一政策的带领下，各省更应对自身旅游资源蕴含的文化内涵进行深入挖掘，为景区注入更多的文化内涵，积极促使国内旅游产品的格调与品味进一步提高，打造出独具特色的吸引游客的旅游文化产品，从而凭借旅游文化优越的资源提高各地投资总数，高效发展当地旅游经济，实现区域共赢。

另一方面，应深入加强旅游资源的互补与共享。在进行旅游文化资源整合时，应将地域文化特色充分展示出来，同时还应与周边省市地区不断强化合作，在此基础上，建立庞大的包含文化源流、经济与人脉的关系脉络，加强与其他旅游区域之间的合作，推进旅游与文化两大产业共同发展。在实践过程中，可按照区位理论和比较优势理论对国内多个文化景区进行分配，实行差异化发展，打造具有深厚文化底蕴且彰显地方特色的子文化旅游带，加强各文化旅游区域之间的依赖度。另外，还可以充分利用景区合作、便利交通、文化共性以及金融合作等要素，开发与建设区域无障碍的旅游文化圈。

二、文化产业与旅游产业融合发展的市场整合手段

（一）旅游市场与文化市场的空间市场整合

旅游与文化两大产业融合发展，将会生成旅游文化产业，以这一产业领域的文化特色为依据创造的产品就是旅游文化产品。从客观角度上看，对旅游与文化所在的两大市场进行空间市场整合会导致某一旅游文化产品的市场价格发生变化，而这种变化会影响另一种旅游文化产品的市场价格。从理论上看，假设处于完全竞争的条件下，所处不同区域的市场彼此进行贸易时，其产品在输入区的单价应为其单位运输成本与其在输出区价格的总和，如果输出区的价格产生波动，该产品的输入价格将发生程度相等、方向相同的变化，如此可说明这两个市场做到了完全整合。

空间市场整合一般有两类，一种是长期市场整合，指两个市场的价值稳定的、长期的联系，即便在短时间内将这种长期的均衡关系打破，它也能恢复到初始状态。另一种是短期市场整合，指当市场上的某产品发生价格变化后，就会引起其在另一市场上下一期的价格产生变化，这反映出不同市场间产品价格传递的及时性与反映的敏感性。当一个国家的所有市场都被整合了，则该国家

就会形成一个一体化的市场。事实上，这种状态只存在于理论之中，在现实中并不存在。

（二）旅游市场与文化市场的营销阶段整合

营销阶段的整合指的是整合不同的营销阶段，其主要研究某个营销阶段中某件商品的价格发生变化后对该商品在下一阶段中价格的影响程度。如果在不同的营销阶段中，某件商品的价格符合"下一阶段价格＝营销成本＋上一阶段价格"，则说明其中涉及的不同的营销阶段已达到了整合状态。例如：批零市场整合指的就是某商品的零售市场与批发市场进行了整合。

对于旅游与文化两大市场来说，它们在营销阶段的整合本质上指的就是不同营销阶段的旅游文化产品的整合。在某个营销阶段中旅游文化产品的价格变化影响该商品的价格在下一营销阶段变化的程度是其主要的研究内容。如果营销阶段不同，则旅游文化商品在下一阶段的价格就是其在上一阶段的价格与营销成本的总和，符合这一点则证明其所涉及的这两（多）个营销阶段是整合的。

（三）旅游市场与文化市场的时间整合

旅游与文化两大市场在时间层面进行的整合即为旅游文化市场的时间整合，其主要研究某种旅游文化商品的价格发生变化后对其后期价格的影响程度。如果市场中的商品的价格符合"后期价格＝储藏费用＋现期价格"，则证明旅游文化市场发生了时间整合。

三、文化产业与旅游产业融合发展的营销整合手段

（一）景点营销整合

从景点方面来看，要想使旅游文化景点内部的文化内涵更加丰富，可以学习其他旅游文化资源地区的营销手段及方式，进行有效、恰当的营销。

营销一些具有较高知名度、举世闻名的旅游资源，如：平遥古城、张家界森林公园、清明上河园、云冈石窟等，在建设理念上可采用"大景点支撑"的形式，利用创新设计的方式直接将现实资源转化为旅游产品，在保留其风格面貌的基础上打造精品旅游区域，使其在国际旅游文化体系中占据一席之地。

有些地域的传统文化虽已失传，但仍可以结合历史记载，对相关题材的历

史文化进行深度挖掘，将其历史面貌重现于大众面前，可以通过人造景观的形式再现历史民族文化。例如：这种建设模式在山西"丁村古村落"（位于襄汾）的建设中较为适用，结合相关资料还原当年民俗建筑的样式，将原始的车船运输、农具耕作等一系列传统的习俗及古老的民俗展现在游客眼前，以此吸引更多的国内游客。

对于一些历史事件或者传统民俗节日的发生地，可将其与具有时效性特点的旅游事件相结合，打造多样化的区域文化旅游活动。例如：通过举办峨眉山国际旅游节、牛郎织女文化旅游节等旅游营销节日实现旅游的推广宣传。

诸如包公祠一类具有深厚历史文化内涵和特殊文化经典的景点，可在劳动节、国庆节、旅游旺季、民俗节假日借助新闻媒体的力量进行亮点宣传、广告造势、利用影视宣传等手段提高景点的知名度，将特有的文化重点体现出来，再联合文化传播公司共同承办相关主题的节庆演出。例如：开封连续多年举办"菊花节"，并以该系列的活动打造具有独创性的新颖的载体，为国内外游客创建欣赏交流的平台，进一步提高和扩大开封古城的知名度。与此同时，还可以加强国内外游客对开封的了解与关注，进而增加开封带来的社会效益与经济效益。近年来，随着影视剧的快速发展，开封获得喜人的建设成绩，借助精彩的影视作品，进一步扩大了开封旅游业的宣传成效。

一些依靠民间文学发生地建设的景区，在营销时可选择情景营销的方式完成文化资源与旅游资源的整合。例如：在游客旅游的路线中塑造一些小场景，引导顾客参与其中，让他们以故事中的角色身份身临其境地体验和感受，打造"角色融入式旅游"。还可以用拍电影的形式让游客饰演其中的角色，以旅游地的文化作为剧本，拍摄比较简短的情景片段，最后由游客出钱购买最终制成的小影视作品。这类景区有运城永济——《西厢记》的发生地、阳泉——赵氏孤儿传说的发生地、顺县——牛郎织女传说的发生地等，这些景区将流传至今的传奇故事与旅游文化节庆相结合，创建游客参与互动的体验性旅游方式，并凭借这种亲身参与体验的形式吸引各方游客。这种创新的营销方式，不仅可以使游客获得良好的旅游体验，还可以加强旅游地对国内外游客的吸引力，提高整体效益。

站在游客的角度上看，随着广大游客对文化旅游喜爱程度的增强，应该分类处理游客的需求并分类营销，之后再进行营销整合。据统计，女性与男性游客占比几乎相等，所以在开发旅游资源和设置旅游项目时应做到统筹兼顾男女游客。从游客的年龄比例上看，青壮年（19 ~ 59 岁）游客是游客群体中的主力，老年人游客占比较低。因此，在规划设计旅游路线时，应重点关注游客的需要，对其进行分群体、分层次的营销。从职业构成的角度上分析游客群体，企事业单位工作人员、学生、教师是游客群体中的主要组成部分。因此，可将重点营销对象设定为学生，加大新型旅游路线的建设和宣传，以多种优惠手段吸引其前来旅游；根据旅游方式分析游客群体，自驾游与自助游的群体占多数，因此，应对这类游客提供完备的基础设施。总而言之，应将游客的特点与需求作为切入点，进行恰当、有效的旅游宣传和有针对性的旅游优惠活动。

（二）区域整合营销

要想整合不同区域的营销，可从整合营销人才、营销方式着手。中国地大物博、人口繁多，各地区的资源迥异、经济发展、交通建设程度各不相同，不同地域之间应将文化产业与旅游产业作为营销整合的核心点，并据此建立营销服务平台。首先，站在营销理念的角度上看，各个地区所坚持的营销理念应保持一致，努力打造国家性的旅游文化基地，当资源互补或类似时，应坚持求同存异的资源处理方式和营销方式，以有效、恰当的宣传促销手段塑造高知名度的旅游文化品牌；其次，应加强营销环节的设计，将旅游文化产品的设计开发与品牌的整体打造密切结合，建设多样化、多层次的旅游文化品牌，同时设计优秀的旅游文化产品，整合多种营销方式，使游客的特殊化、定制化及层次化的旅游需求得到满足；最后，在营销方式上，可灵活运用有奖营销、季节营销等营销方式，充分发挥营销宣传的旁侧效应。在这些措施、办法的作用下，真正实现共思营销创意、共享营销资源、共创营销人才、共享营销成效的区域整合营销的局面。

四、文化产业与旅游产业融合发展的政策整合手段

（一）政策整合概述

在我国社会经济与国民经济发展的过程中，旅游产业和文化产业发挥了重要的作用。如今，旅游与文化两大产业的融合发展已逐渐成为我国经济社会发展战略体系的重要组成部分，所以保障这两项产业的可持续发展，实施促进两大产业发展的政策很有必要。

政府为了重新整合产业间的各项资源，调整企业原本的经营活动，推出和实施了政策整合这一措施。为了促使经济与社会发展的特定目标在一定时间内实现，制定了旅游与文化两大产业政策整合的办法，这一办法综合了针对两大产业共同发展的多项子政策。通常情况下，政府会以政策整合的方式干预旅游经济的建设发展。结合我国旅游文化产业发展的实际，制定对应的发展政策，有助于快速提高我国旅游文化产业在在国际市场中的竞争力，保障这两大产业健康、可持续发展。不断完善我国这两大产业进行政策整合主要有以下几个方面的必要性因素。

1. 符合国家产业发展的重点

结合经济产业的现有特征和未来的发展前景来看，对我国旅游与文化两大产业进行政策整合与我国制定的产业政策纲要中提出和规划的工作重点方向相符。在我国，无论文化产业还是旅游产业，都属于处于新兴发展阶段的朝阳产业，具有强大的发展潜力。我国将这两大产业列入第三产业发展的重点内容，将其列为第三产业中的"积极发展"类产业，对其进行重点发展。

2. 符合经济发展的客观要求

发展旅游与文化两大产业能扩大内需，这一点是毋庸置疑的。根据这一功能，加快政策的制定非常有必要。将这两大产业作为促进国民经济发展和提高的新增长点的理论，是基于这两大产业在扩大内需功能上得出的论证。为了加快我国经济的增长速度，保障经济的可持续发展，应加快促进两大产业融合发展的政策制定，以此作为我国经济市场发展的必然选择与客观要求。

3. 符合旅游产业与文化产业本身的特点

旅游与文化两大产业融合后的一大特点就是其发展与其他行业之间的关联性很强，也就是说，其发展以其他产业为依托，涉及多个行业与企业部门，期发展需要多个部门协调合作，无法依靠某一政府部门或者某个旅游部门来完成，它的发展还需要在国家宏观产业政策的指导下进行，以此作为保障国家调控和推动旅游文化产业发展的重要手段。

4. 政策制定具有现实可行性

目前，我国制定产业整合政策的条件已经成熟。实践过程中，我国旅游产业和文化产业发展的方向、原则、趋势已经比较明确，这些有利条件说明我国出台旅游产业和文化产业的政策整合具有现实可行性。尽管各省市地区的政府部门针对本地旅游业的发展制定了各项政策，国家也为此推出了很多相关的扶持政策，但是目前我国现有政策中仍需要促进旅游与文化两大产业融合发展的完整、全面的政策。

5.政策制定具有现实必要性

旅游产业和文化产业发展速度相对缓慢，不同地区之间相差悬殊。基础设施的制约因素大范围存在，旅游产业与文化产业的整体效益难以实现。国内知名品牌的产品少，市场竞争力不强。旅游产业和文化产业融合程度低，产业结构有待完善。目前，尚未有符合旅游与文化产业融合发展实际情况的政策出台，在技术、税收和融资等方面的优惠政策有待制定。除此之外，旅游文化产业对应的管理机构在行使职权时没有相应的法律为其提供强有力的支持，这一问题现已对我国旅游文化产业发展造成了严重制约。目前我国现有的法律政策难以满足现实需要，很多其他行业的管理规定与地方政府施行的法规制度杂糅在一起，导致管理部门在管理行业主体时无据可依。

（二）旅游产业和文化产业政策整合策略

1.探索完备的旅游产业政策体系

为发展旅游文化产业，国家在满足市场发展需求的基础上，制定了一系列的政策制度并不断补充和完善，以此指明旅游文化产业的经济发展方向。这些政策包括：①针对产业定位提出了相关政策，要求在国民经济中摆正旅游文化业的地位，以此为根本和源头发展其他具体政策。②针对产业导向制定政策，为旅游与文化产业的发展提供确切方向，这也是其在发展过程中应遵循的原则。③面向产业市场提出的政策，为其发展指明了市场导向，对市场导向观念做出了强调，明确了在产业政策方面市场经济的基本要求。④产业布局政策。对结构做出调整，使其增长方式发生改变是从宏观层面调控产业布局政策的主要目的与作用。该政策涉及产品、产业、经济等多个领域的结构调整。⑤产业投入政策问题。在旅游文化产业的发展方面，国家应深入贯彻积极有效利用外资的方针，同时鼓励社会各界加强对此方面的投入。⑥产业组织提出的相关政策表示，国家要求在旅游文化产业的发展方面，应进一步加强对主体的发展培育，为其打造公平竞争、健康发展的环境，结合其经济特点制定并实施与之相匹配的产业组织政策。⑦产业保障政策问题。有力的保障手段能在很大程度上促进旅游与文化产业政策的实施，在相关部门贯彻产业政策并严格实施过程中，应通过法规、法律等手段给予充分的支持。

2. 完善旅游文化产业政策的立法程序

旅游文化产业发展政策的制定需要各利益主体与部门明确相关情况，将自身意见表述清楚，并在利益博弈的基础上完成立法过程，这是一个必须遵循公开、民主、透明原则的过程。首先，在产业政策实际立法过程中，为避免起草主体单一以及参与主体利益严重倾向等现象，应采取多部门联合的方式，共同对政策进行拟定，以促进有效、恰当的利益表达机制的形成。其次，必要性与可行性是政策制定时必须验证的内容。应充分调研公众参与的实际情况，从立法的目的、程序、办法、意义、途径、背景、方案、内容等各个方面综合考虑，并将立法结果在一定时间内公告，且公告期间允许公众自由表达意见。最后，应建立合理健全的跟踪评估机制，对整体立法程序进行监督，确保立法机构对法规法律中存在的各种缺陷及时进行矫正和修订，提高立法质量，完善立法工作。

3. 形成旅游产业与文化产业国际合作与竞争的政策支持环境

现如今，我国旅游与文化产业在国际中占据的地位日益提高，在国际上有了更广泛的交流与合作。当国家间、地区间各个旅游组织开展各项活动时，我国都会积极参与，与主要客源国之间不断加强交流。在国际合作中，我国与其他国家相互交流旅游与文化产业发展的良好经验，并吸取对方的经验和资源改善自身的薄弱之处，促进本国旅游与文化产业快速发展；在国际市场中，不断提升本国旅游与文化产业的综合素质和国际竞争力，进一步完善国内旅游与文化市场，以保证自身旅游与文化产业得到良性健康、可持续的发展。在开展国际交流合作时，我国应加强相关的政策支持，开展更稳定高效的合作方式，通过政策、人才、资金等方面的扶持，对参与国际市场竞争的旅游企业给予必要的支持。为旅游与文化产业制定的政策应从形式与内容两个方面表现出以上导向。另外，开放旅游与文化市场本身就是一个循序渐进的过程，应尽可能降低因政策支持力度不足导致旅游与文化产业难以适应竞争激烈的市场环境的可能性。

第五章　乡村视角下的文化产业与旅游产业的融合发展

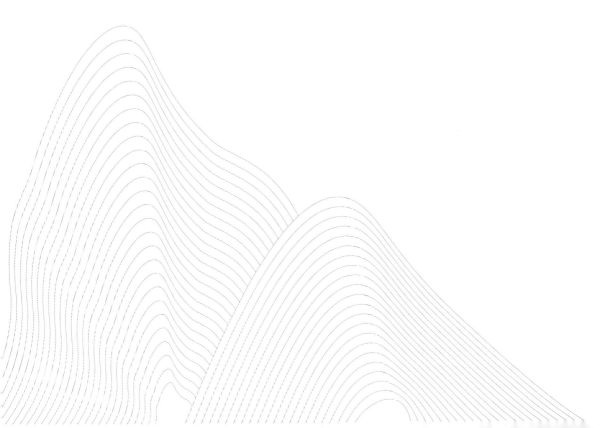

第一节　乡村视角下的文化产业与旅游产业理论基础

一、乡村文化产业认识

（一）乡村文化产业概念

至今为止，国内学界还没有对乡村文化产业的概念有统一、准确的定义。潘鲁生在《保护农村文化生态　发展农村文化产业》一文中对乡村文化产业有所定义：以市场为导向，将农民作为生产创作的主体，围绕着提高经济效益的核心内容，通过作坊式生产的模式，促进具有地域性特征的传统历史文化资源向现代文化服务与文化商品的创新生产模式转化发展的一种产业。从这个定义中，我们可以找出乡村文化产业不同于一般文化产业概念的几个基本属性：一是地域性，不同于都市的文化产业，是在县域及以下行政区域内的农村发展的文化产业；二是主体性，乡村文化产业发展的行为主体是农民或农村长期居住人口；三是生产方式局限性，乡村文化产业大多是以家庭为单位的小作坊式生产；四是资源独特性，乡村文化产业以挖掘地域性传统历史文化资源为主，包括民俗文化资源、旅游文化资源，等等。

按照不同的文化资源类型和发展模式，乡村文化产业可大致分为以下几类：

1. 文化旅游类

文化旅游类是依托乡村自身的秀丽自然风光、历史文化古迹、独特农家风情等资源进行旅游产业开发。

2. 文化演艺类

文化演艺类是依托二人转、皮影戏、杂技、花鼓戏、柳琴、坠子等文化表演艺术与传承资源进行演艺产业开发。

3. 文化产品生产类

这类乡村文化产业又分为两种，一种是具有传统的文化手工艺品生产传承史，依托其独特的历史文化价值进行生产开发；一种是后天形成，根据市场需要依托农村较低的生产成本优势进行生产开发。

4. 文化服务类

限于乡村和城市文化服务资源的差距，这种乡村文化产业类型很少，这里主要指一些乡村通过产业开发打造影视拍摄基地。

这几类产业虽然区别明显，但在发展过程中又有相互融合的一面，譬如在发展旅游产业的同时可以打造特色旅游文化产品，还可以结合其他产业特点打造特色演艺游、影视基地游，等等。

（二）乡村视角下文化产业发展的现状

1. 乡村文化产业参与度越来越高

1992 年，文化产业这一概念首次于我国提出，之后每年发布的重要文件中的要求与规定都涉及了与文化产业有关的内容。2007 年党的十七大报告明确表示要加大文化产业的发展力度和投入力度，改革文化体制，尤其对农村地区与社区要加大基础文化设施的建设投入；2010 年"十二五"规划《纲要》提出要大力发展文化产业，使其成为国民经济支柱性产业；2012 年党的十八大报告提出要做到"提高文化产业规模化、集约化、专业化水平"。在经济转型的新时期，文化产业是带动农村经济发展，加快社会主义新农村建设的新途径、强动力。2014 年颁发的《国务院办公厅关于改善农村人居环境的指导意见》提出要在改善农村公共设施和环境卫生的同时，全面提高农村人居环境。该意见对乡村村容方面的建设提出了更细致、更精准的要求，这说明中央对美好乡村的建设越来越重视。各地区、市县应抓住这个机遇，大力发展美好乡村；2020 年《中共中央 国务院关于抓好"三农"领域重点工作确保如期实现全面小康的意见》提出：省级制订土地利用年度计划时，应安排至少 5% 新增建设用地指标保障乡村重点产业和项目用地；新编县乡级国土空间规划应安排不少于 10% 的建设用地指标，重点保障乡村产业发展用地；将农业种植养殖配建的各类辅助设施用地纳入农用地管理，而且明确农业设施用地可以使用耕地；在农村产业发展方面，推动农村一二三产业融合发展，将现代农业与旅游业、农产品加工业等结合起来发展，对文化旅游产业高质量发展、农民增收和农村地区经济实力壮大都具有重要意义。国家政策的相继发布与实施进一步提高了乡村文化产业建设的积极性。

2. 乡村文化产业发展有地方特色

乡村建设的目的是为农民打造舒适安稳的居住环境、高品质的旅游胜地和便于农业生产发展的广阔平台。这不仅符合社会主义新农村的建设要求，更为发展环境友好型、资源节约型社会打下了良好的基础。建设发展社会主义新农村是一项重要的、需长期坚持的任务。从本质上看，建设新农村应围绕着经济的中心进行，进一步促进农村的生产力得到解放和发展。为了保证农民增收、粮食增产，要将社会主义新农村快速建设起来，就要以乡村建设为依托，促进具有地方色彩的乡村文化产业大力发展。同时，还应充分发挥文化产业高能、环保、创新的优势，打造地域特色鲜明的产业发展之路。此外，还应促进文化产业与乡村地方特色结合，发展能体现地方特色的经济，这样不仅能使当地农民对乡村文化产业建设有更全面的认识并积极地参与其中，还能有效减少产业模式雷同的情况，打造地域色彩鲜明的乡村文化产业，树立农村独特的品牌形象，促进农村基础设施与地方经济更快更好地建设和发展。

3. 农民生活水平不断提高

乡村文化产业的进一步推进与落实需要做到以下几点：要建设好乡村公路，更要配备专门的公路养护工人，将其维护好，管理好，以减少危桥、危路在农业生产方面造成的损失；同时，推动乡村能源建设的进程，对农村电网实施新一轮升级改造工程，加快小水电代燃料工程、电气化县以及水电新农村建设的进度，鼓励农民使用太阳能、风能，大力发展新能源，利用林业废弃物和秸秆制造沼气；鼓励和支持新技术的开发和应用，为农民提供安全的生存环境，推进农村信息基础设施的建设。

二、乡村旅游产业认识

（一）乡村旅游产业背景

1. 乡村振兴战略指引

《中共中央 国务院关于实施乡村振兴战略的意见》表示，要落实乡村旅游与休闲农业的精品工程；建设一批设施完备、功能多样的休闲观光园区、森林人家、康养基地、特色小镇、乡村民宿；利用闲置农房开发建设养老、民宿等项目；与此同时，还要快速发展森林草原旅游、河湖湿地观光、冰雪海上运动、野生动物驯养观赏等丰富的旅游项目，积极开发观光农业、游憩休闲、健康养生、生态教育等服务，打造特色鲜明的精品旅游路线和生态旅游示范村镇，创建生态环保、绿色的乡村生态旅游产业链。

2. 城镇化进程加速推进

发展乡村旅游离不开交通、供水供电、商业服务、环境保护、文化休闲、医疗卫生等基础服务设施。城镇化的深入推进淡化了乡村与城市的边界，带动了周边乡村基础设施特别是服务设施的完善，城乡基础设施一体化的发展趋势改变了农村落后的面貌，优化了乡村的人居环境，为乡村旅游产业提供了硬件支撑。在我国，每年都有大量乡村人口向城市转移。随着城镇化的继续推进，每年都将有大量宅基地、空心村、校办企业、校舍、坡地村镇等各类空间闲置，为乡村旅游产业的发展提供了充足的空间资源。此外，城市居民是乡村旅游的主要客源，快速的城市化导致人们的生活节奏加快，城市居民往往有着强烈的乡村怀旧需求。很多城市居民渴望体验乡村慢生活，感受田园风光，回归自然。

3. 各级政府大力推动

在乡村振兴战略的带动下，从中央到地方，各级政府都将发展乡村旅游产业作为实现乡村振兴、解决"三农"问题的重要抓手，各部门从农业发展、产业带动、耕地保护、生态保护、扶贫政策等方面，都给予了不同方面的支持。

2017 年 4 月 28 日，财政部、农业部发布《农业生产发展资金管理办法》，文件共包含了 11 类农业发展补贴，其中，农村一二三产业融合发展补贴主要用于支持农产品产地初加工、产品流通和直供直销、农村电子商务、休闲农业、农业农村信息化等方面。2018 年 4 月 19 日，文化和旅游部、财政部发布的《关于在旅游领域推广政府和社会资本合作模式的指导意见》（文旅旅发〔2018〕3 号）指出，优先支持符合意见要求的全国优选旅游项目、旅游扶贫贷款项目等存量项目转化为旅游 PPP 项目。同年 10 月 10 日，13 个部门联合印发《促进乡村旅游发展提质升级行动方案（2018 年—2020 年）》，文件指出要鼓励引导社会资本参与乡村旅游发展建设，创新社会资本参与方式；加大对乡村旅游债券融资的支持力度；探索建立乡村旅游产业投资基金；加大对乡村旅游贷款的支持力度。

（二）乡村旅游产业主要模式

目前选择乡村旅游的游客，其动机主要有两大类：一类是追求新奇、满足好奇心，这方面需要对文化资源深入挖掘；另一类是纯粹想体验乡村生活，这方面需要对自然资源进行深入挖掘。从以上两个视角出发，基于对文化资源和自然资源的依赖程度，可将乡村旅游所包含的田园风光旅游、自然风光旅游、民俗风情旅游、村落乡镇旅游、科普教育旅游五大模式进行划分。换言之，田园风光旅游和自然风光旅游主要是风景驱动型；民俗风情旅游和村落乡镇旅游主要是文化驱动型（物质文化和非物质文化），同时也需要良好的自然风光；科普教育旅游主要是知识驱动型（广义上的文化驱动型），需要将农业、乡村风貌背后的知识理论作为重点。

1. 田园风光旅游模式

该模式包括园林观光游、农业科技游、务农体验游、田园农业游等。该模式在农产品、农业生产生活、农村田园景观的基础上，开发出了特色鲜明、形式丰富的主题休闲活动，如：花卉游、农业游、林果游、牧业游、渔业游等，使游客回归自然、体验农业的心理需求得到了满足。

（1）田园农业游。将大田农业作为重点，组织开展观看农业生产、欣赏田园风光、学习农业知识技术、购置和品尝绿色食品等丰富多彩的旅游活动，实现游客体验与了解农业的目的。

（2）园林观光游。围绕园林与果林，开展赏花、观景、踏青、采摘、购买果品等多种旅游互动活动，吸引游客观光绿色景观，与自然亲近互动。

（3）农业科技游。围绕现代农业科技园区，组织开展温室大棚生态农业和设施农业、高新区新农业品种和技术园区的观看活动，帮助游客了解现代化农业生产技术与知识。

（4）务农体验游。开展丰富的农业生产互动活动，为游客提供与农民同住、同吃、同劳动的机会，使游客与实际的农耕文化、农业生产近距离接触，深入体会特殊的乡土气息。

2. 自然风光旅游模式

该模式主要包括森林公园游、湿地公园游、露宿营地等旅游项目，并充分利用农村静谧的绿色森林、优美的自然风光、碧波荡漾的湖水等，发展登山、观山、滑水、滑雪、森林浴、赏景等丰富多彩的旅游活动，帮助游客亲近自然，感悟自然，回归自然。这一模式主要依靠建设融入自然的休闲度假村、休闲农庄、乡村酒店等方式创造经济收入。

（1）森林公园游，以地形多变、山峦起伏、溪流交错、森林茂密、景色秀丽、环境优良、气候舒适为特点，是人们回归自然、休闲、度假、野营、避暑、科学考察和森林浴的理想场所。

（2）湿地公园游，生物多样性极为丰富，动植物、微生物众多。湿地公园有多样的景观类型，空间形态丰富，景观体验多样，有水域、森林、草坪、农田、广场、亭廊等景观元素，各元素之间相互影响、相互渗透，组成丰富多变的景观格局。

（3）露宿营地游，是利用帐篷、高架帐篷床、睡袋、汽车旅馆、小木屋等方式在郊外过夜，享受大自然的野趣及生态环境提供的保健功能，欣赏优美的自然风光并参与其他休闲娱乐活动的一种旅游项目。

3. 民俗风情旅游模式

该模式包括农耕文化游、民俗文化游、乡土文化游、民族文化游等，在农村特有的民俗文化与风土人情的基础上，将乡土文化、农耕文化及民俗文化特色充分展现出来，开发时令民俗、民间歌舞、民间技艺、节庆活动、农耕展示等旅游活动，促进乡村旅游形成更深厚的文化内涵。

（1）农耕文化游，利用农耕技艺、农耕用具、农耕节气、农产品加工活动等，开展农业文化旅游。

（2）民俗文化游，利用居住民俗、服饰民俗、饮食民俗、礼仪民俗、节令民俗、游艺民俗等，开展民俗文化游。

（3）乡土文化游，利用民俗歌舞、民间技艺、民间戏剧、民间表演等，开展一系列与乡土文化相关的旅游项目与产业。

（4）民族文化游，利用民族风俗、民族习惯、民族村落、民族歌舞、民族节日等，开展民族文化游。

4. 村落乡镇旅游模式

该模式主要包括古民居和古宅院游、古镇古村游、民族村寨游和新农村风貌游。

（1）古民居和古宅院游，结合明清两代的古老建筑，促进当地观光旅游产业的发展。

（2）古镇古村游，利用古镇房屋建筑、古寺庙、街道、居民、园林、店铺等，促进观光旅游业的发展。

（3）民族村寨游，充分发挥传统村寨的民族特色，促进观光旅游业的发展。

（4）新农村风貌游，在现代农村的居民庭院、村庄绿化、建筑、工农企业、街道格局的基础上发展观光旅游。

5.科普教育旅游模式

该模式通过建设农业产品展览馆、农业博物馆、农业观光园、农业博览园、农业科技生态园，为游客创造大量了解农业历史、增长农业知识以及学习农业技术的旅游机会。该模式主要包括农业科技教育基地游、观光休闲教育农业园游、少儿教育农业基地游、农业博览园游等各种旅游活动。

（1）农业科技教育基地游，围绕着科研设施开发景点，将高新农业技术作为教育的教材，对中小学生及农业工作者开展农业技术教育，打造集科研教育、科技示范以及农业生产为一体的新型科教农业园。

（2）观光休闲教育农业园游，利用当地农业园区的资源环境、现代农业设施、农业生产过程、优质农产品等，开展农业观光、参与体验、DIY 等教育活动。

（3）少儿教育农业基地游，利用当地的农业种植、畜牧、饲养、农耕文化、农业技术，让中小学生参与休闲农业活动，接受农业技术知识的教育。

（4）农业博览园游，展示当地的农业技术、农业生产过程、农业产品、农业文化，让游客参观。

三、文化产业与旅游产业融合的系统结构

（一）系统理论的来源

关于系统的定义，美籍奥地利理论生物学家路德维希·冯·贝塔朗菲（L.V.Bertalanffy）作为"一般系统论"的奠基人，首先将系统论运用在生物学的研究中，他认为系统是"由相互作用着的若干元素所组成的复合体"，"处于一定的相互关联中并与环境发生关系的各组成部分（要素）的总体（集合）"。从中我们可以了解到，相互之间存在一定关联的要素或者整体事物的集合体就是系统，一个系统实质上是一个集合或整体，其具有整体性的基本特征属性。此外，其还有联动性、目的性、结构性、衍生性、层次性、组织性等特征属

性。在某些具体领域或学科的研究中，系统论这种研究方法的运用日益频繁，它同样适用于文化与旅游产业的融合发展研究。

（二）文化产业与旅游产业融合创新系统属性

社会生产力的提高会细化社会分工，带动产业发展。产业是具有相互作用的、具有同类属性的经济活动组成的系统或集合，相同产业中开展进行的经济活动性质相同或相似。旅游景区、旅游公司、旅游餐饮等与旅游市场相关的各个企业全部属于旅游产业，这些企业开展的各种经济经营活动全部围绕着旅游产业的游、行、吃、住、娱、购几大要素进行，都具有旅游方面的属性。文化产业指产业化发展的文化，是以文化为核心，围绕其进行生产和销售活动，刺激市场产生大量消费，创造经济效益的产业，文化属于其共有的属性，围绕这一属性可进行生产制作、创意策划、反馈、消费等经济活动，与之相关的企业全部属于文化产业。将文化与旅游两大产业融合，可以创造文化旅游新业态，这将加大文化与旅游两大产业融合的深度，进一步发展文化旅游市场的占有和文化旅游产品的生产。将两大产业的重要发展链条相互联结，与之相关的所有要素都将成为文化旅游新业态的一部分，进一步推动文化旅游产业的发展。上述涉及的文化旅游方面的各类要素，如：资源开发、市场占有、消费者挖掘及产品生产，共同组成了文化旅游产业集合体，所以说文化旅游产业实质上是文化旅游产业融合创新系统。文化旅游产业本身属于融合型产业，其具备了文化与旅游两大产业的涉及领域广、交叉性强的特点，使得文化旅游产业具有由多元要素组成、涉及行业十分广泛、产业自身比较复杂、影响条件多样等特点。因此，应将文化旅游产业与系统论相结合，才能对其作出系统性的分析。

文化旅游融合创新系统与一般系统的特点——整体性、结构性、层次性、开放性相同。一个系统必然为一个整体，系统都具有整体性这一基本特征；系统不是混乱的，它具有一定的结构与层次；系统在发展的过程中与外界一直保持着联系，系统的发展具有动态持续性和开放性特征。除以上特征之外，联动性、组织性以及目的性也是系统的特点。文化旅游产业在发展的过程中应将文化与旅游两大产业现有的产业资源、行业资源、特性充分整合和利用，为该系统的发展提供强大的动力，构建一个空间布局、品牌打造、产品设计与生产、营销推广、投融资等各个环节协调互动、共同发展、完善的文化旅游产业系统，清除原有障碍，冲破传统束缚，创造一个内部高度系统化、同一化、整体化的系统，从而促进文化旅游产业持续不断地创新和发展。

1. 文化旅游融合创新系统具有整体性

文化旅游融合创新系统以发展文化旅游产业为基础，该系统的整体性十分明显，它将文化与旅游两大产业中的各种因素进行了整合与融合，并将其安排至各个子系统中，为整个系统的建设提供支持。例如：文化旅游产业市场作为该系统中的一个子系统，建立在两大产业市场融合的基础上，只有先全面、细致地了解分析文化旅游市场的实际情况，才能更好地开发和挖掘市场。文化旅游融合创新系统由众多这样的子系统构成，这些子系统发挥着各自的作用与功能，相互联系紧密，相关又相对独立，无可代替。

2. 文化旅游融合创新系统具有结构性

文化旅游融合创新系统通过技术创新→技术融合→产品融合→业务融合→市场融合→空间融合的路径，将文化与旅游两大产业的各个环节如经济、技术等相互关联和融合，促进文化旅游产业的形成，这就是该系统的结构性。作为一种新兴产业，文化旅游产业应对文化旅游融合创新系统所具备的结构性特点有深刻的了解，同时抓住契机，寻找特点鲜明的、合适的创新发展商业模式，促进国家经济发展形成新的增长点，追求和创造更多的发展空间和机会，使之成为发展中国新经济、新动能的重要对象，以此促进文化和旅游两大产业协调互动、共同发展，使文化旅游产业的综合竞争力进一步提升，进一步推动、优化与转变国家产业结构，促进经济增长。

3. 文化旅游融合创新系统具有层次性

在系统结构中，系统的各个要素可呈现出多层次的状态特征。从这一点上看，文化旅游融合创新系统中的各类要素是根据某种关系相互联结，相互作用的，在该系统下为次一级的系统——子系统，是由该系统的要素组成的，子系统下还有更次一级的系统，是由该子系统中的各要素组成的，由此构建了文化旅游融合创新系统。在这个系统中，所有子系统都是成上下阶梯分布的，每个子系统都在各自的层次位置上为整体系统的运行输送能量，可见该系统的层次性。例如：对该系统来说，文化旅游产业模式为其中的一个子系统，在此之下还有商业模式与一般模式两种次一级子系统；又如：文化旅游业态类别也属于其中的一个子系统，该子系统又包含影视旅游、动漫产业园旅游、商务旅游、工业旅游等次一级子系统。另外，基于对文化产业分类的借鉴，以各要素在文化旅游融合创新系统中具备的功能和所处的位置为依据，可以将文化旅游产业划分为文化旅游相关领域、文化旅游外围领域以及文化旅游核心领域。

综上可知，文化旅游融合创新系统的构成离不开众多子系统的共同联结和作用，体现出了层次性特点，而不同层次对应的功能、结构、属性均不相同，各个层次以其功能和属性为依据，严谨地执行各种系统任务，并随着系统的发展不断对其层次性进行调整。例如：当某低层次要素具备了高层次的功能属性时，则需向高一级的层次调整，以保证文化旅游融合创新系统层次的形式与内容能达到真正意义上的统一，保证其始终相对平衡和稳定。

4. 文化旅游融合创新系统具有开放性

文化旅游融合创新系统是一个同时具有封闭性、独立性和开放性的整体，该系统需要以一定的行业环境、社会环境及经济环境为依托，依靠所处环境的推动、制约作用控制和影响其形成与发展。在同一环境中，文化旅游融合创新系统与其他系统互相交换市场信息，流通共用物质资源和资金。例如：许多房地产业向文化旅游产业投入大量资金，使原本置于房地产系统中的资金域资源向文化旅游融合创新系统流通，或将房地产系统中的公共基础设施融入发展成文化旅游产业资源，这些都说明了文化旅游融合创新系统具有开放性。受这一特性的影响，资源能被系统更充分合理地利用，促进该系统进行从低级到高级，从简单到复杂的动态优化发展。

5. 文化旅游融合创新系统具有目的性

从以下两个方面可以体现出系统的目的性：第一，系统存在保持自身稳定有序运行的需要，这种需要使其在受到内力或外力的影响时可以保持稳定发展的状态，保证系统不会被瓦解、崩溃；第二，系统都有明确的发展追求，这种追求会体现在系统的整个发展过程中，集中体现着系统发展的总体倾向和总体趋势。文化旅游融合创新系统同样具有目的性特点，它在形成和发展的过程中，不仅要保障自身得以动态、稳定地发展，不因各种因素瓦解崩溃，还要追求更高层次的发展，追求文化旅游产业的日益兴旺，从而使自身竞争力和产业综合实力不断提高，创造理想的外部效益与规模效益，从而为我国经济发展提供重要支撑，为我国新经济、新动能的发展带来新的增长极。

6. 文化旅游融合创新系统具有联动性

文化旅游融合创新系统的开放性与联动性在某种方面相似，但又不相同。联动性表现为该系统与其他系统、不同环境之间都具有相互影响、相互关联的关系；开放性表现为该系统与同一环境中的其他系统之间可以共用和交换资本、信息和各类资源。与后者相比，前者偏向于以该系统的发展带动和促进其他系统共同协调发展，即扩大文化旅游产业规模，集聚各类相关产业，进而扩充市场规模，带动其他各项周边产业的发展，促进各类要素进行更优、更多的流动，促进各产业与各个系统之间的联动发展，最终实现共同进步。

7. 文化旅游融合创新系统具有动态性

文化旅游融合创新系统主要从两方面表现其动态性特征：第一，系统的繁衍性，文化旅游产业不断向前发展，将会出现消费者变化、产业空间布局改变等多种问题，对此，系统需要不断对自身做出调整，以适应各种新变化，这些调整包括但不限于新能级与新要素的产生，系统也因此获得了繁衍性与延伸性，这两种性质在该系统发展的过程中是互动发展、互相影响的，系统的调节往往会伴随着产生繁衍性，从而产生延伸性，这时，系统只有不断进行自我调节和自我完善，才能实现系统的进步和升级，进而促进产业发展；第二，系统的调节性，既可以调节系统本身的属性和功能，又可以调节系统外部的其他系统，系统在发展时，其内部各要素的作用及位置也将被调节，使其功能得以更充分地发挥出来，以此提高系统对环境变化的适应能力，助推产业发展。

四、文化产业与旅游产业融合的机理

（一）技术创新与市场需求——产业创新链

技术的创新引起了产业的融合。技术创新指在技术方面产生新的构想，通过研发、技术结合等环节，最终应用到实际产业或行业中产生一定的社会效益和经济效益的商业化全过程的一种活动。技术创新的概念涉及经济与技术两个层面的结合。在各种新技术中，信息技术带领各项技术快速推广发展并迅速普及应用，如：个人电脑、互联网、云技术、大数据、物联网，各种高新技术加速了产业的融合。随着数字技术与信息技术的不断发展和进步，产业融合得到了进一步发展，二者关联日益密切。

天然的耦合性能进一步促进文化与旅游两大产业的融合发展，市场需求的增长和技术的进步也都可以推进产业深入融合，文化旅游新业态在这三个方面的协同作用下逐渐形成。文化旅游产业与新型城镇化的融合发展也是这样，前者为后者打通顺畅可靠的渠道，后者为前者提供充足的发展载体与空间，二者彼此互补，又具有很好的契合性，这为二者的融合发展提供了前提和基础；文化旅游产业与新型城镇化融合发展时，技术创新可以为二者稳定顺利地融合提供强大的保障与支持。产业融合是社会经济发展的必然，而文化旅游产业与新型城镇化的融合也是因市场与社会的需求变化形成的，这是发展社会经济的必需。二者的融合发展，不仅可以推动新型城镇化与产业本身的发展，还可以满足各层次游客对文化旅游迫切的市场需求，更能发掘出良好的国家新型城镇化发展的新渠道，同时也使国家、市场、社会对新型城镇化发展的各类需求得到了满足。

随着社会与市场需求不断改变，技术不断创新进步，新需求和新技术随之不断出现，创新要素由此产生。只有不断进行创新，人们层出不穷的需求才能得到满足，与此同时，需求的满足与更新又会推动新技术的革新与发展。创新不仅在最初的阶段存在，还存在于融合的所有阶段的所有细节之中。对产业融合来说，创新为其提供了基础，更提供了必要因素，它对技术的有效融合有直接的促进作用，市场、业务及产品各个方面的融合都需要创新的支持。受创新的影响，新市场、新业务以及新产品不断出现，市场层面、业务层面以及产品层面将会进一步使各项社会需求得到满足。同时，创新还能为文化旅游这一新兴产业和新型业态的形成和发展提供强大的推动力量，促进文化旅游与新型城镇化融合的程度与进度，加速新型城镇化的发展和创新。区域属性是新型城镇化的一大重要特征，随着新型城镇化范围的不断扩大，区域一体化将得以实现，而其中蕴含的产业创新链将会进一步扩大市场的规模，促进市场一体化发展，从而促进产业市场竞争力和规模效益的进一步提高，促进文化旅游产业持续稳健地发展。另外，还应拓展更多的载体与空间，如鲜明的民族特色与区域特色等天然平台，为新型城镇化的发展打下了"创新""特色"的坚实基础。

（二）产业价值与价值创造——产业价值链

文化产业被人们视为永久的"黄金产业"，产业价值难以估量，其中涵盖经济、文化、社会等各个方面的价值。世界各国将旅游产业作为重要的经济来源，因此都十分重视旅游产业价值的发挥，并希望以此为国家经济做出更大的贡献。文化与旅游两大产业的融合发展，有利于解构产业价值链再对其进行更合理的重组。在社会经济快速发展的今天，人们有了越来越多元化的消费需求，消费结构也较以往有了很大改变，企业价值链、供应商价值链、购买者价值链和核心渠道价值链都随之产生了很大的变化，从中可以反映出产业创造价值链的整个过程，这就是一个完整的产业价值链组织形态。与此同时，国家内需结构也会随着消费结构的变化而改变，这又将引起产品结构的改变，进而改变传统产业价值链，使之与产业创新、产业融合、数字技术的发展相适应，产业价值链也将从过去的短小、单一变得上下游关联更大，且更具活力，更多元化。

（三）产品分工与产业升级——实体产业链

吃、游、行、购、娱、住是旅游产业的六大组成要素。旅游交通、旅游目的地以及旅游娱乐等众多环节环环相扣，共同构成了横向旅游产业价值链。文化传播、创意策划、文化消费、制作生产等多种价值模块则彼此呼应，形成了纵向文化产业价值链。这两个产业价值链中涉及的各个企业、各个环节互相呼应，成为产业链的节点，两大产业中的生产、制作、销售等环节相互融合，向"微笑曲线"两端延伸，联结其中的大中小企业，构成产业融合的产业链、创新链和技术链，三者的协同发展，能赋予实体企业更高的附加值，创造更高的经济效益。

在乡村的旅游与文化两大产业的融合中，前者为后者的发展提供了广阔的承载空间，而后者又能在乡村旅游产业开展产品设计、旅游宣传等活动时，提供丰富的文化资源，为当地的旅游产业注入灵魂。二者相互促进，相互结合，使文化旅游实体产业链快速发展，为产业的融合发展、结构调整、产业升级和经济的可持续发展提供了有力的保障。

五、文化产业与旅游产业融合的效应

在文化与旅游两大产业融合发展的过程中，企业只有不断创新才能获得更高的经济效益。因此，从本质上看，两大产业的融合就是二者的创新发展，二者只有进行创新发展才能推动产业融合深入进行。两大产业不断地进行融合与创新，将会使文化旅游产业新业态逐渐形成，使其成为新兴产业；继续扩大产业规模，加速产业集聚，有助于产生新的产业功能。例如：引入游轮这一旅游交通方式，以产业融合发展为依托，开通"普通旅游交通→游轮旅游→游轮旅游主题化"的发展思路，构成新的商业模式。产业融合涉及的层面非常宽泛，在产业结构调整、创新性优化、竞争能力提升、区域经济发展等方面可能产生出人意料的效应。

（一）产业结构调整效应

在创意技术或服务创新的作用下，不同系统主体之间相互作用，导致系统朝同一方向会合或者运动的过程就是文化与旅游两大产业的融合过程。两个产业融合的原因不仅包括创意技术的发展和进步，还包括消费者日益增长的消费需求、频繁变化的消费习惯；进行服务创新会促进两个系统中的各种要素不断地相互融合、交叉与渗透，进一步扩大两个产业的覆盖范围，促进文化旅游产业实现系统的进步、发展与创新，这不仅有助于文化与旅游两大产业在融合与发展过程中进行结构演进，还能更好地优化文化旅游产业的结构。

两大产业进行融合发展，不仅可以有效调整自身产业结构，还能对国家的一二三产业结构进行一定的调整。新型城镇化发展坚持以人为本的发展核心，以往使用的重污染、牺牲后代利益谋取眼前利益的发展方式早已不适用于当今社会的发展形势，只有不断创新才能与新时代的发展相适应。将新型城镇化与文化旅游产业结合发展，并促进其规模不断扩大，打造产业集聚，能促进外部经济快速形成，进而不断壮大新型城镇化的第三产业，促进其旅游产业发展、民族文化弘扬、生态环境保护、绿色消费倡导的实现。同时，加大生物医药、新型建材、清洁能源、旅游商品等几大新型工业向新型城镇化发展中的引入力度，积极融合文化、旅游及文化旅游产业，向第二产业的"微笑曲线"两端延伸，优化产业发展，提高产业附加值，使城镇化发展方式逐渐改变，进而使新型城镇化第二产业的组成内容随之改变。

随着产业融合日益加深，农业农村一二三产业融合发展是新型城镇化发展的必然趋势。在这三个产业及文化旅游产业发展的过程中，无论哪两个产业发生了融合，其创造的产业融合效应都会达到"1+1>2"的效果，这样的效应对新型城镇化发展某一区域的第一、第二、第三产业来说，都具有很强大的调节作用。不断调整多个新型城镇化产业的结构，一定会引起一个国家中这三大产业结构的调整、优化与升级，使之能够更好地适应时代经济的发展，实现国家经济可持续、高效的发展目标。

（二）创新性优化效应

创新是文化与旅游两大产业融合发展的本质，也是基础，在二者融合的过程中，创新提供了不断的内在动力，使之能更好地适应社会、市场与消费者的各种需求，有效保障了文化旅游产业在激烈的市场竞争中屹立不倒，更促进了这一新业态长远、可持续的发展。技术创新是产业融合的起点，在文化与旅游两大产业不断融合的过程中，产业的边界日益模糊，二者将有利的因素快速吸收和融合，如服务、产品等产业的原本属性与特点也逐渐发生了改变，适应了市场的新需求。技术创新依托这一基础不断演进，业态创新随之产生，文化旅游这一新兴产业得以不断优化发展，其产业创新能力日益增长，附加值也在不断提高，新的产品、商业模式、服务越来越能适应时代发展下的新变化，文化旅游最终形成更高级、更具创新意识的产业。

（三）竞争能力提升效应

文化与旅游两大产业的融合促进了多种新业态的产生，两大产业在融合的过程中，不断吸收融合着对方一些好的要素，这使产业投入要素发生了较大的变化。技术、资本及创意等要素的共用与共享，实现了资源更充分的利用，同时将资源的可利用范围进一步扩大，提高了资源的配置效率和单位要素产出效率，经济也随之转变了增长的方式。融合发展不仅促进了这两大产业在产品、技术及市场等多个方面的创新和融合，还使这两大产业获得了更丰富、更深刻的内涵，相关的产品内涵、产品功能、新服务也随之被拓展出来，既使新的市场需求得到了满足，又使原有的产品获得了一定程度的补充。融合发展使产品的附加值得到进一步提高，还赋予了产品更丰富的文化内涵，促进了品牌影响力的形成和提高。文化产业通过旅游产业提供的平台进行文化传播，实现了文化资本化的发展转化，这又进一步促使各产业的竞争力与价值得到提升。

（四）区域经济发展效应

依据乡村城镇化具有的区域属性这一重要的特征和属性，我们可以对不同城镇进行区分。创新是文化旅游产业、旅游产业和文化产业发展的重要因素，这三者相互竞争时以特色性、差异性为重要属性。这三大产业与乡村城镇化的结合，为各自产业的发展提供了丰富的创意元素，打下了坚实的发展基础，促进各产业的差异化发展，以自身特点招揽特定消费群体，占据自己的市场。

不同地区在工业化进程中表现出了不同的资源禀赋和区位优势，且各自有着较大的经济基础差异。随着企业主体对经济利益的激烈追求，各种生产要素必然向平均利润高的地区转移和积聚，从而不断拉大区域之间的经济发展差距。当区域经济发展到一定水平时，即图 5-1 的拐点处，就会形成扩散效应与低落效应，进而加大发达地区的生产成本，减少其利润获得，逐渐显露出欠发达地区低成本生产要素的优势。在政府政策的引导下，这些地区将吸收外部生产要素，最终使地区差距缩小，形成区域经济发展的倒 U 曲线。

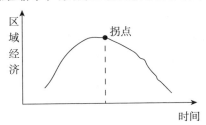

图 5-1　区域经济发展的倒 U 曲线

随着乡村新型城镇化发展，东部地区逐渐完成了工业 3.0 体系（以信息化为主）和工业 4.0 体系（以智能化为主）的建设，中西部地区虽有着低成本生产要素的优势，也仍需尽力追赶。同时，国家对中西部地区的区域属性优势给予了高度关注，积极引导外部多种产业转移到这些地区，并提出乡村振兴、产业融合等战略，有效地保障了区域经济的大力发展，即进入倒 U 曲线的右侧阶段。文化、旅游和文化旅游三大产业不断融合，都利用各自的低成本与区域属性上的优势进行了创意创新，扩大了产业的规模，使产业稳定发展。国家还引导新型城镇化改变原有发展方式，遵循以人为本的原则，实施就地城镇化，进一步促进了城乡一体化的建设和统筹发展，最终实现区域经济发展。

第二节　乡村文化产业与旅游产业融合发展的原则与意义

一、乡村文化产业与旅游产业融合发展的理论依据

（一）旅游可持续发展理论

随着人类社会的进步，可持续发展的理论逐渐产生。1980 年，可持续发展理论被提出之后，世界环境与发展委员会于 1987 年在《我们共同的未来》这

一报告中规范了这一概念并获得普遍认可，将可持续发展定义为"既能满足当代人的需要，又不对后代人满足其需要的能力构成危害的发展"。1995 年，世界旅游组织、联合国环境计划署、联合国教科文组织通过了《可持续旅游发展行动计划》《可持续旅游发展宪章》，具体、系统、明确地规定了可持续发展在开发、保护和规划旅游资源等方面的意义。可见，可持续发展应围绕着经济的核心，协调兼顾资源、社会、环境、经济、人口持续发展，并认识到其本质特征应为生态、社会及经济三方面的可持续性。从本质上讲，可持续旅游发展就是将文化、自然与人类环境组成一个和谐统一的整体。

对乡村旅游来说，浓郁的乡土文化、优美的自然景观以及良好的生态环境是其最核心的吸引力。目前，在乡村旅游发展中贯彻可持续发展理念具有重要的现实意义。发展可持续的乡村旅游应协调好人类与环境、自然，文化与旅游之间的关系，避免掠夺式开发和过度开发，促进社会效益、生态和经济的和谐发展，统一当前利益与未来的长远利益，促进人与自然的和谐统一。

（二）旅游创新理论

经济学家约瑟夫·阿洛伊斯·熊彼特（Joseph Alois Schumpeter）曾在《经济发展理论》一书中最早提到"创新理论"。他认为"建立一种新的生产函数"才是进行了创新，即将生产体系中的生产条件和各种要素重新组合。创新是通过生产形成的，其变化具有革命性特点，有着广泛、深刻的内涵。创新涉及新的生产方法、新产品、新的企业组织形式、新市场和半成品与原料的新供给来源。企业家追求高利润是创新产生的根本原因，创新可以为经济的发展提供源源不断的动力，为企业与企业家争取更多的利润。任何经济组织的产品在进入到退出市场的过程中都会经历四个阶段：投入、成长、成熟、衰退，而创新对于经济组织来说是革命性的自我更新和蜕变，会为经济组织带来复苏的希望。

乡村旅游需求在现阶段显示出了细分化、层次化和多样化的特点，因此，企业必须不断进行旅游产品的更新、创新和再生，无限延长产品的生命循环周期，使市场的各种需求得到满足。快速发展的先进科学技术也为乡村旅游创新发展带来了强大的技术支撑，打下了创新的基础。在高度市场化的环境背景下，市场竞争愈加激烈，乡村旅游发展应据此快速调整发展思路，以持续的创新保持自身在市场竞争中的优势地位。

（三）产业价值链理论

价值链概念是 1985 年由哈佛商学院教授迈克尔·波特（Michael Porter）在《竞争优势》（Competitive Advantage）一书中提出的。他认为："每一个企业都是在设计、生产、销售、发送和辅助其产品的过程中进行种种活动的集合体。所有这些活动可以用一个价值链来表明。"他还注意到，在产业链的基础上还有一个更大的价值系统，包括供应商价值链、企业价值链、渠道价值链、购买者价值链。产业价值系统中的各个环节由于长期形成的合作，在面对外来竞争时具有独特的优势。同时，产业价值系统所创造的价值往往超出单个环节所创造的价值的总和，这就是价值体系的协同作用。

在价值链的聚集作用下，乡村旅游产业价值链体系聚集了越来越多的相关企业和组织，甚至延伸到上方文化企业、农业经营者和创意企业，以及下方顾客与产品营销网络中，而横向则延伸至互补产品的相关企业与生产商。在乡村旅游价值系统中，任何环节发生改变都会对整个价值系统的运作产生影响。

二、乡村文化产业与旅游产业融合发展的原则

（一）坚持以市场需求为导向

我们必须尽快改变原本的乡村旅游开发思路，要想保证乡村旅游可持续发展，就要将市场需求作为主要的开发导向，根据旅游者的具体需求，采取与市场相互契合的开发方式，保证乡村旅游的经济效益不断提高。如今，随着社会的发展，我国旅游者的需求跟以往相比已经大有不同，他们更追求主体化、生态化和休闲化，然而当下的乡村旅游现状无法满足这些需求。所以，乡村旅游产业在融合文化产业进行发展的同时，还要展开市场调研，明晰市场动态，预测市场可能产生的需求，结合当下乡村旅游与文化产业的发展情况，寻求政府在政策、资金等方面的协助，最终完成乡村旅游和文化产业融合发展的策略与路径的制定，实现两个产业的高效融合。

（二）坚持全面融合

乡村旅游跟文化产业之间的融合并非简单的两两相加，也不是浅尝辄止的试探，而是从横到纵全方位的相互融合，是深入的、彻底的相互融合。从横向上来看，两者先从产业交叉区域入手，实现产业的融合；从纵向上来看，要让

两个产业的融合体现在整条产业链的每一处，如在原料供应环节的融合、在反馈信息环节的融合以及在市场上的融合，最终形成一条拥有极强竞争力和鲜明特点的新产业链，甚至根据产业链打造一个巨大的产业集群与产业基地。

（三）坚持可持续发展

乡村旅游要保持持续发展的势头，加快转型升级，就必须要跟文化产业融合，这也是乡村旅游可持续发展的基础保障。乡村旅游可持续发展也是乡村社会、经济、文化、生态等方面的可持续发展，所以在进行两个产业的融合时，除了要关注最重要的经济效益，也要考虑到社会效益、文化效益以及生态效益。我们要将生态作为发展的前提，以乡村特色为基础，坚持以人为本，将文化作为主题，以产品为载体，为旅游者带来高品质的体验，实现乡村旅游业的可持续发展。

（四）优势主导

乡村旅游和文化产业的融合发展其实是一种相互取长补短、优势联合的深入合作。我们要将文化产业中的创意和文化优势，以及乡村旅游产业中的环境、土地、生态等优势发挥出来，从乡村旅游地区的优势与特色出发，深入挖掘本地区的文化，对其进行有创意的产品包装，并根据本地实际情况采取极具创意的全新营销方式，打造出充满本地特色的、全新的融合服务与融合产品。除此之外，还要将产业和地域上的优势整合，设计出具有高竞争力的项目与产品，形成优势品牌，以此来带动本地产业发展。总而言之，两个产业的相互融合要遵守优势主导原则。

三、乡村文化产业与旅游产业融合发展的意义

（一）推动乡村旅游升级转型

如今，乡村旅游正处于重大战略调整时期，乡村旅游业的转型升级为其核心调整环节。要实现乡村旅游的优化，就要让其升级成全新的发展模式，优化当前的发展形态，促进我国乡村旅游从粗放型转变成集约型，不仅要关注规模效应，还要关注增长效应；不仅要发挥其旅游功能，还要发挥出其在政治、文化、教育、社会等方面的功能。乡村旅游通过产业融合展现出了新业态，这同

时也有利于我国乡村旅游业的转型升级。随着产业融合的进一步深入，乡村旅游业将具备更高的科技含量，拥有高增值性、高辐射力、创新性与渗透性等特征，这些特征便是乡村旅游业发展的不竭动力。由此可见，文化产业和乡村旅游之间融合的加深，有利于乡村旅游的产业能级得到有效提高，有利于产业结构优化，对乡村旅游成功转型有不可替代的重大意义。

（二）拓展乡村旅游产业链，实现价值升值

产业价值链作为持续变化的动态系统，必然会因为政府政策、消费需求、产品生命周期等各种因素而出现变动。从产业融合的角度来看，乡村旅游会从人才、品牌、情感、市场、资源、技术、功能、资产等方面与其他产业相互融合，将乡村旅游的价值链进行纵向延伸与横向拓宽。也就是说，乡村旅游全价值链主要有 8 个部分，分别为人才融合价值链、品牌融合价值链、情感融合价值链、市场融合价值链、资源融合价值链、技术融合价值链、功能融合价值链、资产融合价值链。乡村旅游产品的市场需求与特征发生了改变，许多全新的产品和服务出现在大众视线中，同时也满足了人们对于高层次消费的需求，进一步加快了产业价值链的解构、重构，促进产业价值提升。延伸后的产业链以及经过整合的各个产业得以有效降低成本，许多乡村旅游企业价值出现极大增长。

（三）增强文化产业的原创力

乡村旅游产业是文化产业价值链的上游产业，因而能够为后者提供各种各样的创意元素，拓宽其创意空间，为其营造充满特色的环境，改变创意产品同质化、内容单一的现状，协助创意产业拓展价值链上游。在乡村旅游和现代农业流通展示渠道的帮助之下，创意农村旅游产业链拓展了下游环节，进行了多层面与多渠道的表达，这不但有效减少了流通展示成本，降低风险，而且也让创意产业有了更高的效益。而且，随着文化创意产业和乡村旅游之间融合的加深，融合产生的规模优势让文化产业的发展趋向于产业聚集与规模化，有利于文化产业充分发挥出自身的区域与规模优势。总而言之，文化产业在创意乡村旅游的帮助下拥有了更广阔的优化与拓展空间。

（四）催生新的合作形体

科技创新与创意思维对文化、乡村旅游两个产业的融合，以及乡村旅游产品系统与产业体系的重塑有着突破性的影响，文化产业从中获得丰富的创意元素。各个产业的发展促进了乡村旅游与文化产业融合的加深，全新的业态由此诞生，即创意乡村旅游，这是在过程与具体方法上对乡村旅游产品与文化创意产品生产、销售等环节的创新。

（五）实现区域乡村旅游的经济一体化发展

产业融合不仅是在消除产业之间的壁垒，还是在帮助城市之间与地区之间进行融合，为实现乡村旅游经济一体化贡献了巨大力量。产业行业由于分布在不同的地理空间，存在行业之间的界限，所以受到管制上的限制，无法实现经济一体化。要想突破这些障碍，就要将产业的制度、市场、人才、产品等要素相互融合。通过渗透与融合市场资源、生产要素资源和人力资源，实现资源的优化配置，这对突破地域之间的障碍，形成多企业联合发展趋势，甚至形成一个规模化的产业聚集区，实现区域经济一体化发展有着非常重要的意义。经济一体化发展能够充分使经济拉动效益，也可以间接带动乡村旅游产业的发展，通过产业互补发展，完善区域的产业结构，最终实现区域间的协调发展。

第三节　乡村视角下文化产业与旅游产业融合发展的模式与路径

一、乡村视角下文化产业与旅游产业融合发展的模式

（一）中心：产业整合——文化创意产业与乡村旅游的融合

如今，我国的创意经济与旅游体验经济正处于飞速发展状态中，旅游者的需求也呈现出了时尚化、差异化与个性化的特征。因此，创意与文化对乡村旅游的生存和发展至关重要，我们要将灵感、智慧、知识等要素与乡村旅游的核心产品有机结合，整合过去的低层次旅游元素，开发高层次旅游元素，使其成为动态化的高层次立体化旅游产品，提升产品价值，增强产品特色，适应当前

消费者群体的需求，为大众带来全新的乡村旅游模式。

1. 乡村旅游产品的开发模式

运用创意农业或者创意文化的思想来设计与开发产品，促进乡村旅游产品的创新和升级。

（1）乡村农业旅游产品：科技＋创意＋艺术。首先，我们要坚持将新型农业现代化作为基础，以此来展开乡村农业旅游产品的开发工作，将现代科技融入到农业领域中，实现农业用具、农产品与生产过程的现代化与数字化；建立农业博物馆，展示充满本地特色的农业领域事物，如农业用具、农业发展史。其次，开发的产品要具有观赏价值，通过先进生物科技实现农产品的多样化与多形态，如栽培彩色番茄、巨型南瓜、小型西瓜，甚至还可以将重点放在观赏型农产品的培育工作上，例如培育的荷兰蕾丝郁金香，不仅有经济价值，还有观赏效果。在此基础上，运用生物技术进行创意园林造景，如建立乡村趣味展览馆、奇趣花草苑等等，不但可以吸引游客前来观赏，而且还能起到科普教育的作用。再次，在开发农产品时，还可以融入一些艺术元素来增添产品的内涵与底蕴，如在核桃上雕刻，在葫芦上绘图，在米上刻字，等等。最后，可以通过农业规模化生产营造景观，如：梯田、玉米地迷宫、向日葵花园，等等。

（2）乡村民俗旅游产品：乡村文化＋文化创意。乡村民俗旅游产品包括各种艺术类民俗产品，如：民间文学、民歌、传说，以及节庆类民俗产品，如：民间游戏、节日仪式、活动，还有技艺类民俗产品，如：木雕、年画、剪纸、泥塑，内容十分丰富，为提升乡村旅游吸引力起到了很大的作用。首先，可以建立本地特色民俗博物馆，如：雕刻博物馆、泥塑博物馆。其次，可以将民间文学与影视类产业结合，形成视觉效果极佳的创意乡村旅游产品。再次，可以将民间舞蹈、风俗等形式与表演艺术相结合，形成各种特色演出，如"魅力湘西"等。除此之外，可以将民间的节庆和游戏同各种会展与比赛相结合，让旅游者参与其中，通过亲身体验加深对当地文化的了解，可以建立礼仪体验园区，如清明上河园等。最后，倘若民俗资源十分丰富，可以把当地的民间艺术家组织起来，形成一个艺术主题村落，其具备培训、表演、研究、销售等功能，可以在其中开展各种专项旅游项目，如：剪纸艺术鉴赏中心、陶瓷手工体验基地，还可以借助本地民俗深层次开发旅游产品，如张家口的剪纸村。

（3）乡村农舍村落旅游产品：建筑文化＋艺术创意＋农业园艺。我国各地的气候、地形差异较大，由此形成了各种各样的民间建筑风格，而这些位于乡村中的民间建筑与周围的山水相互结合，形成了美轮美奂的乡村旅游资源。但是，那些特色极为鲜明的古村落如今所剩无几，因此，进行现代乡村农舍村落旅游产品的创意设计对增强旅游地的吸引力有重要意义。我们可以借鉴特色花屋，这种花屋在房前屋后，乃至房顶都种有鲜花，我们也可以将花卉艺术引入到乡村农舍中，让乡村变得鸟语花香，给旅游者带来视觉与嗅觉的享受。除此之外，还可以将当地艺术与乡村农舍融合，让建筑成为乡村文化艺术的载体，如四川绵竹的年画村，该村的每一面墙都有精致的年画。

2. 乡村旅游产品营销模式

（1）创意理念运用于营销活动。如今，旅游者的求异心理越来越强烈，为了博取人们的关注，各种营销策略和方式层出不穷，导致旅游者产生了审美疲劳。由此可见，真正能够让旅游者产生兴趣，吸引旅游者前来的营销活动必然独具创意且与众不同。现在的乡村旅游有许多基础营销方式，比如：旅游体验营销、旅游互动营销、旅游品牌营销，等等。同时，还出现了许多全新的营销方式，例如：反季节营销、事件营销、植入式营销、定制营销，等等。各种各样的营销方式也体现出了乡村旅游营销创意的丰富。我们要坚持创意理念，发散思维，针对当地情况制定合适的营销方案，切实提高旅游地对游客的吸引力，打造旅游地知名度，提高其影响力，让该地的市场前景更加广阔。

在乡村旅游的营销活动中还有一点需要注意，那就是不要让乡村旅游营销受到"旅游"的限制，很多关键的旅游营销点其实并不是旅游内的事物，所以我们要坚持用开放的视角看待问题，打破传统营销带来的思维定式，要整合各种营销元素，创新营销方式。乡村旅游产业有一个关键优势，那就是它和许多产业具有关联性，这一点也是营销的突破点，我们要以此为基础制定各种营销组合。乡村旅游营销以创意为灵魂，要想实现产业的优化升级，就必须要充分发挥创意理念，所以营销策略一定要具有创意。我们在运用营销策略时，首先要调查好客源市场，还要对自己的产品进行深入的了解与分析，然后再考虑采用非模式化的方式设置营销的主题、形式、内容、渠道，对营销方式进行灵活运用。

（2）在创意产业中植入乡村旅游产品营销活动。现代旅游业经常使用一种营销方式，就是将旅游元素或者产品植入到创意产业中。特别是在广播电视产业和电影产业中，旅游产品的植入十分常见，在我国本土的电视剧中可以发现旅游目的地的营销内容，这种营销方式可以明显提高旅游地的收入。而且，从乡村旅游资源优势来看，通过跟电视电影产业合作展开乡村旅游营销，对双方来说是一种共赢。如今，随着乡村旅游营销渠道的进一步扩宽，营销载体也开始延伸到电视、电影以外的其他创意产业，如：数字休闲娱乐产业、出版产业，等等。

（二）后向：产业优化——反哺乡村旅游、文化产业

1. 实现文化产业优化发展

我国创意产业起步较晚，虽然当前的发展速度不断加快，然而在创意生产、市场运作等方面依旧有待提升。我国文化产业多为中小型企业，因为难以达到银行对资产能力的评估要求，所以很难得到银行这种间接融资的支持。除此之外，我国的风险投资业发展一般，也无法帮助到创意产业。所以，当前我国文化产业还未拥有多元化的融资主体，融资渠道比较单一。从创意生产角度来看，我国创意产业长期处在模仿复制的阶段，对民族原创的发展十分不利。如今，我国对创意产业的重视度越来越高，并为其提供了多项政策支持。随着中国文化软实力的进一步增强，人们有了更强的民族文化自豪感、自信心与自觉性，文化创意潜能得以发挥出效果，向世界展示了我国民族文化产业强大的原创力量。不过，我们应该意识到，当下的中国文化产业创意能力仍存在规模化、专业化程度低的问题，发展动力缺乏，产业价值链体系有待进一步完善。

2. 实现乡村旅游优化升级

乡村旅游产业作为一种新业态，具有融合性高、节能低耗、知识性高的特点。由此可见，在未来的旅游业发展中，乡村旅游是不可或缺的一个重要模式，所以我们要推动乡村旅游产业内部结构优化进程，尽快实现全面升级的目标。站在产业归属视角上看，乡村旅游产业是一种消费型服务业，但同时也是生产型服务业，它可以进行生产销售活动，如：产品设计、产品开发、产品销售等，也可以进行消费活动，如：艺术、科技、休闲、娱乐，既有传统生产领域，如：农、林、牧、渔业，又有现代消费领域，如：旅游服务、创意策划，现代产业和传统产业无缝衔接，实现了多产业的融合发展。随着乡村旅游产业的不断完善、发展，乡村旅游的文化性和创意性得到了进一步增强，加快了"乡村文明"时代的来临。

（1）乡村旅游产业优化。我国乡村旅游可以通过与文化产业的融合实现产业升级，由粗放型转变成集约型，从外延型转变成更具发展潜力的内涵型，从单纯注重规模的扩张转变成同时注重效益的提升与规模的扩大，从主要发挥经济功能转变成发挥综合功能。由此可见，通过文化旅游的发展，乡村旅游多元化的功能得以实现，乡村得以发挥其在文化、生态和休闲等方面的功能。除此之外，乡村旅游产业链也可以在发展中实现纵深化与本地化，扩大规模效应，实现本土资源的充分利用，将乡村旅游业作为龙头，优化乡村旅游配置，将其转变成产品的生产地与销售地，完善产业链，增加本地收益，弱化乡村旅游经营活动飞地化现象。

（2）乡村旅游产品优化。乡村产业的发展促使乡村旅游产品从过去单一的观光型转变成多元复合型，融合休闲、娱乐、体验于一体，推动旅游产品从过去的分散式分布转变成区域式分布。过去，乡村旅游产品有高度同质化的问题，而通过发展乡村旅游产业，乡村旅游产品变得更加多元化，更具本地特色。除此之外，它还可以帮助乡村旅游营造和谐之美、感官之美与意境之美。需要注意的是，我们必须在继承和发扬乡村文化的基础上融合传统和现代产业，实现文化创意乡村旅游发展，把创意作为挖掘文化精髓的动力。我们要向外界展现乡村文化魅力，实现乡村旅游产品的优化，建立乡村旅游产品系列。

（3）乡村旅游市场优化。乡村旅游产业与创意产业的融合，使得人们可以深度开发乡村旅游市场，大力拓展产业，将过去的市场布局改写。根据具体的旅游地设施、产品，形成多个层次市场共同发展的局面，是乡村旅游营销思路的主要方向。乡村旅游产业通过细分市场，使用恰当的营销策略，一改过去较为被动的营销策略，主动出击，赢得市场的青睐。除此之外，随着文化产业与乡村旅游产业融合的进一步加深，乡村旅游产业的整体营销策略得以呈现出更好的效果。

（三）前向：产业发展——多要素融合的创意乡村旅游发展

乡村旅游产业其实就是创新的一种体现，坚持创新也是保证乡村旅游持续发展的前提。科技、创造力和乡村文化结合，形成的创意乡村旅游借助文化创意产业发展乡村文化衍生品产业，并创造了可观的文化财富。

1. 继续以创新作为发展的推手

创意乡村旅游产业自诞生起便是一个有着非凡魅力和强大活力的新型业态，它创造出的众多文化财富也吸引了各界竞争者。近年来，随着旅游产业和文化创意产业的进一步融合，各种各样的文化创意旅游类型诞生了，文化创意旅游行业的竞争愈发激烈，还出现了各种各样的跟风现象。如果不想让本地的创意乡村旅游产品失去竞争力和吸引力，成为被淘汰或被替代的存在，就必须加强创新，毕竟在保证旅游业的可持续发展上，求新求变一直都是发展真理。因此，全国各地的乡村旅游产业都要将创新作为其发展的源泉，从更高层次上进行整体融合与持续创新，扩大乡村旅游产业融合的范畴，规划开发思路，丰富创意乡村旅游的活动主题和内涵，推出更多独具特色的新活动。随着乡村旅游这一主题的进一步多样化发展，旅游市场也将得到一定的拓展，引来更多的目标市场。而且，文化创意能够让乡村旅游产品的附加值得到大幅提升，旅游者会被那些非比寻常的活动所吸引，从而愿意支出大额费用来享受更好的体验，有效提升了乡村旅游市场的档次。

2. 继续深化创意产业与乡村旅游的融合

要推动乡村旅游与创意产业在深层次上的相互融合，首先要从内容上下手，加快完善设计、策划、创意等方面的融合机制，如：设计农产品博物馆、策划民俗活动、开发创意农业，打造一批具有原创性较强的独立的、专业的策划产品与文化设计产品。其次，要加深二者在商业模式上的相互融合。两个产业之间存在着共同利益与共同市场群体，所以在投资、品牌管理、产品设计、价格设计、市场营销、产品链延伸等方面，二者完全可以采取统一的商业模式。例如：乡村旅游的节庆演出与实景演出就是在策划、制作、生产、销售等各个环节实现了商业模式上的融合，而我们如今要做的，就是拓宽融合范围，实现行业与地区的跨越式合作融合。再次，要加快信息技术与乡村旅游产业的深度融合。在信息化高度发达的社会中，创意的重要性不言而喻，我们必须将创意与信息技术作为支持创意乡村旅游产业持续发展的重要纽带，促使乡村旅游产品更具科技性、创新性，在保留原本的乡村特色的基础上与信息技术进行深入融合。创意乡村旅游产业应拓宽思路，如与当下较为火热的智慧旅游、影视旅游等新型旅游产业相融合，实现产业链的延伸。

（四）旁侧：新型农业现代化、兼顾城乡协调发展

霍华德在"三磁铁"理论中提到，乡村地区具有的优势是良好的生态环境、广阔的土地、优美的自然风光与淳朴的文化，劣势则是经济结构单一，经济发展较慢，农民收入较低，缺少就业机会。城市跟乡村恰好相反，由于城乡之间还未实现经济的协调发展，城市居民和农民有着不同的生活习惯。因此，在对

乡村旅游发展问题进行探究时，既要注重产业融合产生的经济效益，又要关心其社会影响，要尽可能保证区域和谐，实现城乡统筹发展的目标。我们不仅要从旅游产业出发，更要从宏观角度上看到新型农村建设与农业现代化对社会起到的重要作用。

作为城市和农村的纽带，乡村旅游的发展让乡村得以与城市一同分享文明成果，共享社会资源。发展乡村旅游要注意合理地进行财富再分配，从而进一步缩小城乡之间的经济差距，实现城乡协调发展。我们可以通过发展创意乡村旅游产业，充分发挥乡村优势，弱化其劣势，让乡村地区的各种优势，如：优美的环境、广阔的土地、较低的投资成本，发挥出其应有的功能，将更多的创意产业吸引到旅游地发展，增强地区优势。同时，创意乡村旅游产业也会促进相关经营单位的产生和发展，如旅游产业经营单位，能够为乡村旅游地区提供更多的就业机会，调整本地经济结构，提升本地人民生活质量，促进乡村经济的持续发展。

乡村旅游使得乡村原有的生产与生活方式得以保留，传统乡村文化得以继承，而且随着相关开发、宣传活动的开展，更多人发现了传统工艺与传统文化蕴含的丰厚底蕴，认识到其价值所在，增强了农民的文化保护意识，促进了乡村传统文化的发展。同时，乡村旅游本来就是在开发和挖掘乡村文化，这可以为乡村文化的繁荣发展提供帮助。

乡村旅游会让传统农民变为新型农民。农民在参与旅游经营服务的过程中，与旅游者之间的沟通日益频繁，这些人际交往有效提升了农民的个人素养，扩宽了他们的眼界，使他们积累了各个领域的知识。而且，这些积极参与到乡村旅游建设发展中的农民将会得到专业的培训和指导。作为乡村文化的接力者，他们成为了创意乡村旅游的核心力量，从传统的农民角色转变成了介绍乡村文化的讲解者，成为了营造乡村旅游环境的专业园艺师。创意乡村旅游产业的发展，让传统的农民转变了自身的角色，由从事单一的农业生产活动，转变为同时从事旅游服务与农业生产活动。总之，随着乡村旅游产业的发展，乡村将会成为人才、信息和资源的集聚地，与城市展开更加频繁的交流，促使双方联系更加紧密，城乡之间的生活水平差距得以进一步缩小，最终形成一种新型村落，实现农业的现代化发展与城乡之间的可持续协调发展。

二、乡村视角下文化产业与旅游产业融合发展的路径

（一）淡化乡村旅游产业边缘，实现灵活产业融合

产业边缘模糊、没有明确的边界是乡村旅游产业的一个显著特征，这也保障了乡村旅游和文化创意产业的融合发展。为了加快区域乡村旅游发展速度，我们可以将乡村旅游产业的边缘进行淡化，这样所形成的产业融合发展模式也会更灵活多变。但有一点需要我们注意，那就是虽然要坚持乡村旅游与文化产业的融合发展，但也并非是毫无限制的全面持久融合，我们要根据具体的发展情况灵活选择融合的方面和程度，这样才有利于达成预期的目标。

（二）提高科学技术水平，实现便捷产业融合

高新技术使人们的生活和工作更加便利，也使产业之间的融合速度更快了。将先进的科学技术运用到旅游产业的发展中，可以让产业融合的发展机会变多。技术水平的进一步提高，还能让乡村旅游的相关产业拥有更强力的竞争优势，增强本地产业竞争力。技术的进步也使得乡村旅游产业开发出更多存在关联性或者替代性的产品，这些新产品和理念进行融合延伸之后形成了新业态，也可以引导乡村文化旅游产业更快、更好地发展，促进产业发展形式多样化，有利于乡村文化旅游产业的内外融合与发展。综上所述，科技水平的提高促进了乡村旅游多个产业的相互融合与发展。

（三）放松产业管制，完善跨界治理机制

政府应认识到乡村旅游是民生性产业，应放松管制，营造良好的发展环境，从而提升乡村旅游地区对人才、资金的吸引力；还应加大科技投入，完善乡村旅游地区的自然要素，提供各种条件以促进产业融合。产业融合的过程必然会遇到很多问题，所以我们要格外注意，在进行产业融合时必须尽量推动跨界治理机制的进一步完善。该机制要想联合所有的产业，首先要调节好产业之间的关系，根据各产业的共同发展目标制定一个能够保证各方利益不受损害的管理模式，实现乡村旅游的科学配置。该管理模式具体可以落实到三个方面：第一，建立一个专门的部门作为最高管理层统领各产业管理主体，如建立统一配置、部署资源的乡村旅游指导委员会，提高产业品质；第二，创建奖惩机制，以提升相关者的积极性，采取更平衡、更科学的利益分配方式，激励各

产业企业进步，如设立各项基金，包括"融合产品营销基金""创意旅游人才基金"等，鼓励产业进行人才引进、市场拓展与产品营销；第三，健全监督机制，完善相关法规制度，有效约束与监督相关利益主体的各种行为。

（四）借力乡村文化旅游产业园区，实现多元产业融合

乡村文化旅游产业园一般会将自然生态文化资源以及人文遗存资源作为发力点来打造旅游景区，此类景区内容多样，却没有清晰的主题和层次感，文化创意较弱，很难发挥品牌拉动效应，唯一的收入就是门票。此类乡村文化产业园也具有明显优势，有政策、资金、人才的支持，有艺术创作、文化发展的良好环境，有适合进行产业融合的和谐氛围，有丰富多彩的创作素材，等等。当地旅游业以这些为基础，促进产业的规模化发展，形成具有庞大规模的乡村文化旅游价值体系，促进乡村旅游与文化产业融合进程的加快，打造文化品牌，发挥品牌效应。乡村旅游与文化产业融合的一个重要载体便是乡村文化产业园，产业园内各个产业生产的同类或相关产品将采用相似的销售方式，通过相近的销售渠道共享同一个市场，互相分享先进技术和科学理念，分享文化与人才资源，为乡村文化旅游产业的可持续发展打下基础。

（五）加强产业协作，强化政策引导效应

当下，旅游者的需求不断变化，且多种多样，乡村旅游产业的边缘日趋淡化模糊，这为乡村旅游产业采取多元化融合发展的模式提供了条件。乡村旅游可以联合各个产业进行融合发展，如：休闲产业、生态产业、文化创意产业、科技产业、养生产业、信息产业，所以必须要注意其他产业的发展动态，从多个方面实现乡村旅游产业跟其他产业的互补，寻求全新的融合路径，以保障乡村旅游产业的融合发展。我们要时刻关注旅游者最新需求，将市场作为导向，拓展乡村旅游产业融合发展的思路，根据本地特色产业与旅游者的个性化需求，推动产业融合，研发出适应市场需求的新产品和新服务。当然，产业融合离不开相关部门的支持，各部门联合出台相关政策可以有效加快融合进程。同时，各部门也要采取一些具体措施，加快制定完善的乡村旅游产业融合标准，制定产业融合未来发展规划方案，评选省级示范性乡村旅游产业融合基地，从政策、资金、人才、环境等多个方面为乡村旅游产业融合提供帮助和支持。

第六章　城市视角下的文化产业与旅游产业的融合发展

第一节　城市文化概述

一、城市文化的内容

（一）按形态划分

按照事物的存在形态可将城市文化分为物质文化和非物质文化。物质文化包括建筑，交通工具，公共场馆、设施，市容市貌等物质形态所表现出的城市文化。非物质文化包括市民素养，城市凝聚力，社会意识，价值观念等非物化的城市文化。

（二）按经济属性划分

城市文化按照经济属性的不同可以分为文化产品和公共文化。文化产品强调了文化的经济价值，是文化企业以盈利为目的而面向大众提供的一种满足其文化需求的符号商品，包括影视、杂志、报刊、书籍、网络、艺术品、文化用品等，以及提供这些产品的文化产业及场所，如：影剧院、出版社、书店、画廊、艺廊、游乐场、主题公园。公共文化则突出其文化的公益性，即以服务大众为目的，如：图书馆、美术馆、艺术馆、博物馆、规划馆，文化中心、文化站，公园、城市绿地等公共空间。这些公共资源不但满足了当地居民的文化诉求，而且往往形成了对外地游客具有极大吸引力的、反映当地特色的文化旅游资源。例如：上海博物馆本身并非旅游接待设施，但其极具中国特色的丰富藏品、主题鲜明的布展风格以及科学的管理及保存手段每天都会吸引大批国内外游客到访，成为了海内外了解上海、了解中国的重要窗口，也成为了上海的经典旅游景点之一。

（三）按感知主体划分

城市文化按照其服务对象的不同，分为旅游文化、社区文化以及行业文化。旅游文化主要是指旅游者所感知的城市文化内容，包括饮食文化、休闲娱乐文化、建筑文化、市民文化、环境文化，等等。社区文化主要指为服务当地社区居民而营造的城市区域文化生活环境。行业文化是根据文化产生的所属行业不同对城市文化进行的细化，按照大的产业形态可分为农业文化、工业文化以及服务类文化。服务类文化又可按所属行业细分为校园文化、企业文化、商业文化，等等。值得注意的是，城市在提供文化及其配套设施的时候并没有按照预期的感知主体对城市文化进行严格的拆分，城市文化往往是面向多个主体对象的。例如：服务于游客的餐厅也服务于普通市民；以一般市民为目标群体的文化节日或演出往往吸引着远道而来的外地游客；甚至在某种程度上作为群体专属的校园文化和企业文化，也有游客出于好奇心或体验文化的需求而去拜访一下，如清华、北大等知名学府的名校游及一些企业开展的工业旅游。

二、城市文化的特性

（一）地域性

城市是在一定的地理环境基础上形成的人类聚居点，地域条件的差异致使不同城市在建筑、民俗、语言上千差万别，因而形成的城市文化也带有明显的地域特征。随着城市文化的积累、传承、创新和发展，城市文化的地域性会越来越鲜明。如：我国的北京、西安等地属于北方城市，有许多规模庞大、气势宏伟的宫廷建筑群，有着显著的古代皇家风格；南方的杭州、苏州等城市，多有白墙青瓦、精致婉约的私家园林，体现出古代士人阶层儒雅的气质。

（二）累积性

由于城市文化是时间与空间共同作用下的产物，所以城市文化的特质不仅表现在横向的地域性上，还表现在纵向的时间累积性中。不同时期的城市文化呈现出了不同的特征，纵观城市的演变历程，我们可以看出，人类从原始社会到封建社会，再到工业社会与后工业社会，城市文化的功能和结构出现了巨大的转变，从神到人，从艺术到产品，从贵族到大众，后一阶段就是在继承前一阶段的基础上演变和发展而来的。一个城市的历史越悠久，其文化积累就越丰富，就如同历经千万年堆叠形成的地质层一样，每一层都有其独特的痕迹，能让人们直观地看到城市自然发展的整个历程。

在城市文化中，最显而易见的文化堆叠当属城市建筑，在巴塞罗那的街头，我们可以看到 13 世纪到 15 世纪建造起来的哥特式历史建筑、19 世纪后期到 20 世纪初期的欧洲新艺术建筑，以及以高迪为代表的现代主义风格建筑，这些不同时代的建筑作品向人们展示了巴塞罗那文化的演进与多元。然而，并不是所有的城市都像巴塞罗那一样对旧城进行了严格保护，许多城市在现代化进程中将这些人类文明的印记抹去了，使各地的城市逐步趋同。各种"火柴盒"式的建筑使城市千城一面，从美学角度看，建筑不再是城市形象与个性的代表。但是，从另一个角度来看，城市就算不断扩张也不会无限增加其容量，城市就如同一个鲜活的人一样，要想保持活力和健康发展，就必须要进行新陈代谢，不断用新鲜的内容代替过时的内容。因此，人们对于应该抛弃还是完全保留城市的旧有肌理展开了激烈的讨论。不管是将城市和其文化限制在一个特定的时代中，还是完全抹杀城市所有的发展痕迹，都是对城市肌理的破坏。随着对城市的认识愈加科学、深刻，人们也愈加重视文化遗产的多样性，逐渐加深了对文化遗产保护的认识，如：工业遗产保护、历史街区保护、景观保护、非物质文化遗产保护……人们正在努力创造明天的文化遗产。

（三）开放性

城市自身遵循的发展规律及其文化传播属性决定了一个城市的开放度。当下，城市化进程和单中心转变为多中心的主要发展趋势使得城市和乡村之间、不同城市之间的差距得到了一定程度的缩小，但不同城市还要注意增强相互的合作与交流，所有城市要想发展都必须选择开放，过去自给自足的封闭状态只会导致城市无限落后，加强与其他地区的相互联系才是城市发展的正确选择。城市之间的交流性其实就是城市间的经济与贸易往来，具体表现为人的流动，也就是旅游活动。另外，文化产生的根本是为了满足人们交流与传递信息的需要。城市的开放性是各城市进行文化交流的基础保证，而文化的交流又促进了城市文化的多元化。在如今的城市中，人们往往雅俗共赏，传统文化与现代文化交叉存在，外来文化和本地文化各有特色，各种文化交叉共存、均衡发展，呈现出一派欣欣向荣的景象，向外界展现着城市文化的开放性。

（四）多元性

城市文化的多元性主要是指结构构成具有非一主体性。首先，从城市内部结构来看，古代城市文化按其性质可分为宫廷文化、文士文化和俚俗文化三种，阶层不同，文化的表现形式也不同。宫廷文化体现的是权力、威严、富足、奢华，文士文化强调的是高雅、气质、艺术品位，而俚俗文化作为城市文化的基础，体现的则是大众的娱乐、价值观念。同时，地域性差异导致生活、生产方式的差异以及阶层和职业的差异，最终形成了城市居民差异化的特殊文化动机与需求。其次，站在某地文化的外部来源角度来看，文化开放性一定会推动多元文化融合情况的出现。例如：唐朝的长安不但汇集了国内不同地区的文化习俗，而且作为当时世界的文明中心之一，也通过丝绸之路以及各国遣唐使接受到了富有异域风情的民族文化。最后，当代城市是在主张差异和多元观念的后现代主义影响下发展起来的，因此必然会以多元化为发展趋势。科技的更新促进了文化构成方式的转变，过去受单一主体控制的大众传播方式已经被取代，多元主体的网络交流成为了主流，知识文化主导着城市文化的发展，知识创新成为了城市文化发展中的冲锋者。

（五）动态性

城市文化动态性即文化具有的非固定性。城市会不断发展，文化也会出现变迁，具体表现为横向上的相互融合以及纵向上的实践继承。所有事物都在发展，都在继承原有机理的基础上推陈出新。新的文化保留了原有文化中的精髓，并通过创新文化机制的方式保持自身的发展活力，这种关系即内核及外显的关系，如方言、生活习俗的流传。饮食文化的动态性体现在当代人既保留了使用筷子、讲求色香味俱全等中华传统饮食文化的精髓，又结合现代讲究营养搭配的科学饮食观念，在菜肴的种类及做法上采用新原料、新烹饪工艺。

城市的文化融合就是城市文化分化、整合与适应的过程，城市文化的内容增减会引起其系统结构、模式、风格的变化，继而融合形成新的文化系统。例如：中国的节日——清明、端午、中秋、春节给人们带来的本质没有变

三、城市化进程中的文化产业

国内学者在研究城市与文化产业发展的关系时，认为两者可以相互推动发展。也就是说，城市的发展能为文化产业的产生和发展提供动力，而文化产业的发展也进一步优化了城市的内部产业结构，给予城市全新的发展活力。

（一）城市与文化产业的产生与发展

文化产业是城市发展到一定阶段的产物。文化的经济属性正是源于工业社会科技的进步以及人们文化需求的提高。在生产力水平低下的农业经济社会，文化作为一种高端资源，供给能力十分有限，因此只能把持在统治者以及贵族阶级手中。然而，生产力水平的提高，特别是工业革命对传统生产方式的颠覆，使得原本工艺流程复杂的产品的生产变得简单，生产成本也大大降低（纸张、书籍），文化变成了人人都能消费得起的一般事物。生产技术的提高，一方面在最大限度上将人从生产劳动中解放出来，增加了人们的休闲时间；另一方面也使得社会分工细化，流水线式的单一重复作业使得人们需要足够的休闲娱乐活动来缓解身心的疲惫，文化的大众化正是迎合城市人需求的结果。另外，工业化的生产设备以及生产方式大大提高了生产效率，使得文化产品实现了大规模、批量化的生产。

城市具有乡村所没有的资源优势。城市与乡村的不同之处在于，城市不仅仅是人员的集聚地，还是资金流、科技、能源的集聚中心，城市在资金、物质以及人才方面的充沛是文化产业产生的前提条件以及必要基础。有学者认为城市发展文化产业的优势体现在三个方面：第一，区位优势，城市的人员流动与集聚，使城市文化的多样性以及文化需求、消费能力提高；第二，智力优势，城市中聚集着的高等院校、文化科研团体为文化产业的发展储备了优质、丰厚的智力资本；第三，文化资源优势，城市特别是历史悠久的城市，往往拥有丰富的社会人文景观，这些为文化产业的创造与生产，特别是文化旅游活动的开展提供了丰富的资源。

城市促进文化的产业集群。一些学者认为，城市中文化消费群体的多样性和丰富性促使了文化市场的细分，推动了文化产业形态的细分与升级换代，不断催生出新型的文化产业形态。这些文化产业形态往往内部关系错综复杂，表现出相伴相生的产业聚集形态。

由于文化产业具有精神体验性与高度聚集性，所以它必须处于一个拥有丰富产业资源、文化资源，科教发达的都市圈与大城市空间中，其产业链与消费链的构建都依赖大城市的辐射功能来实现。可以说，没有现代城市与城市文化，就不可能有文化产业的形成与发展。

（二）文化产业对城市发展的影响

首先，文化产业会从经济方面对城市发展产生影响。发达的文化产业能更好地挖掘与运用城市的历史文化资源，并将其与科技知识相结合转化为可观的经济回报，带动本产业的直接就业，而且其投资成本较低，占用资源较少，可以带动整条产业链共同发展，推动当地经济结构的转型升级。曾有机构专门对文化产业对城市经济的发展方式与路径的影响进行过全面的分析和研究，并发现文化产业的带动力极强，可以为相关产业的发展提供助力，促进城市综合服务功能的提高，文化产业具有的创造性也可以为城市综合服务功能注入源源不断的活力。文化产业具有独特的渗透性与广泛性，并以此推动了物质生产领域的发展，带动体育、科教、传媒等产业新群体的兴盛，加快了经济结构的根本性改革，推动人类经济的发展迈入更高阶段。它不仅对城市中的第三产业结构产生了较强的催化与提升作用，还使得传统城市第三结构形成了一个个产业群，有效提升了城市第三产业结构的档次，促使城市具备了更高境界的综合服务功能，城市竞争力大大增强。由此可见，文化产业主要是通过促进产业结构调整对城市经济产生积极的影响。

其次，文化产业有利于城市内部空间功能的再造。在大部分的工业城市中，市中心同时也是生产与制作中心，既要负责规模生产制造，又要承担物流工作，而这种生产功能使得城市呈现出了一种典型景观，即围绕城市中心建设的密集公路网，以及市中心附近的各种大型工业厂房。然而，随着交通和通信技术的发展，城市化速度加快，导致城市的中心和边缘不再有具体的界限，大型生产企业为了获取更多利益，纷纷向外迁移以降低生产成本，城市居民也会因为现代城市化导致的各种城市问题，选择搬到郊区等环境更良好的地方居住。城市中心逐渐转变成软性生产创造活动，如：设计、管理、研发。博物馆、电影院、金融中心、图书馆等文化产业聚集到城市中心的现象就是这一情况的具体表现，城市的生产功能逐渐弱化，城市逐渐发展成为旅游、文化与休闲娱乐中心。

再次，文化产业的发展会对社会产生影响，产生良好的社会效益。文化产业可以促进城市形成健康、良好的文化氛围，提升居民的城市自豪感，提高居民的文化素养，降低犯罪行为的发生频率。而且，文化产业可以向外界展现出一个充满活力、健康的城市形象，提高城市竞争力。

最后，文化作为城市、地区乃至国家的软实力，虽然是无形的存在，但却对各种硬实力产生着巨大的渗透影响。文化产业并不单纯是文化和经济，更是整个国家的战略和文化制度。如今，世界各大城市之间的竞争其实就是文化上的博弈，文化软实力是国际竞争中的重要筹码。文化产业化转变的相关研究，不仅与经济发展的结构性转型息息相关，还影响着一个城市的软实力战略发展，关乎着文化安全。所以，世界上的许多国家，不管其是发展中国家还是发达国家，都越来越重视文化产业的发展。

第二节　城市中的文化旅游

一、城市中的文化旅游需求

（一）城市主体的主观诉求

城市具有集聚效应，这使得城市变成了资本、物流、人才、文化、科技的空间聚集地，并创造出了许多物质财富，形成了各种非物质文化，如独特的城市景观、核心价值理念与城市精神。与乡村相比，城市人口无论在文化素养、生活水平还是收入上都更高，但同时他们也承受着相应的压力，快节奏的生活使其可以自由支配的时间不多。所以，与非城市人口相比，城市人口的旅游动机更强烈，且潜意识中更青睐文化方面的旅游。

（二）城市环境的外部激发

此处提到的城市环境，包括城市的基础设施建设、文化资源，以及由城市整体结构所构成的供给系统。虽然并不是每一种文化资源都能转变为文化旅游产品来为游客提供服务，但如果一个地区具有的文化资源密度较大，有丰富的历史、古建筑遗产，那这个地区的旅游潜力自然会更强，有更高的旅游强度。在城市中，各种文化资源如文化场馆、文化景观比较集中，富有城市化风格，自然而然地形成了独特的城市文化景观。近年来，许多拥有丰富文化遗产资源、文化活动多、人口密度较高的城市都开始发展旅游，而城市极强的供给能力也刺激了中小城市人口或者乡镇人口对于大型城市的向往。

随着后工业社会的到来，许多城市都面临着转型的需求，有些城市便将转型的重心放在了旅游与文化创意上。通过发展创意产业，城市得以集时尚、多元、新潮于一体，不但充满发展活力，而且可以抚慰人们的心灵，创意产业逐渐发展成为具有明显后现代主义风格的城市交流舞台，从而对旅游者产生更强的吸引力，推动了城市的不断发展与进步。

二、城市中的文化旅游供给

（一）供给内容与差异

不论城市的资源条件如何，也不论城市处于怎样的发展阶段，其文化旅游供给内容都可以概括为前文提到的核心产品供给、基础设施供给以及社会环境供给。但是，根据不同城市资源状况和发展水平的不同，其供给物的配量比例是存在内部结构差异的。

遗产型的城市往往具有很深的历史底蕴，其供给物多是历史性要素，展现方式也多以静态为主，游客以一种沉浸的方式体味遗产背后的历史故事。例如：欧洲一些著名的历史文化名城，老城区内各式古老建筑鳞次栉比，游客们徜徉其中，也可以通过博物馆里展出的文物了解城市的历史故事，还可以穿梭于狭窄的城市马路，手抚斑驳的墙壁，品评道路两旁各时期建筑的不同风格，更可以坐在露天茶座，静静欣赏喷泉广场上成群的白鸽以及街头艺人曼妙的音乐表演……总之，遗产型的城市通过建筑、文物等物质文化遗产以及浓厚的文化氛围，为游客提供一种沉静、闲适且历史内涵丰富的文化体验。

如果将遗产型城市提供的文化旅游产品比作一杯醇厚的咖啡，那么现代型的大都市提供的则是一种速食文化：墙壁上的涂鸦，现代化的摩天大楼，行人如织的大型商场，集结了过山车、海盗船、太空穿梭等惊险刺激项目的游乐场，热闹非凡的城市嘉年华……在这里，无论旅游者的学识背景怎样，来自何种文化、哪个国家，对目的地了解程度如何，都可以快速地融入其简单、热烈、欢快、时尚的文化氛围中。与遗产型城市展示型的旅游方式不同的是，都市文化旅游更突出游客的参与性与休闲娱乐性，强调的是一种轻松且难忘的体验经历。

（二）供给体系建设

首先，确立核心。不论是旅游目的城市还是负责接待的文化旅游业，都需要结合旅游者的需求与自身资源及能力的实际状况，从宏观角度确立发展核心，即明确自身所创造的顾客价值及满意的核心内容是什么，可行性与必要性情况怎样，以及通过何种途径及方式可以使目标群体的文化旅游需求得到满足，才能兼顾经济效益、社会效益以及生态效益的平衡。

其次，进行产品系列及品牌的开发。文化旅游产品的质量是影响旅游者感知与体验文化旅游产品的基础性因素。提高文化旅游产品的质量要采用系统的方法，要在考虑其层次结构的基础上，从产品的核心价值、形式、外延以及供应的环境等各个方面下功夫，只有这样才能从整体上保证产品质量的一致性与连贯性。另外，我们可以根据文化旅游产品的生命周期特征，选择不同的开发策略：既可以为原有产品提供增值服务，延伸原有产品内涵，进行产品系列的扩展与填补，以增加产品组合的深度，也可以增加新的产品项目，扩大产品组合的广度，加深不同产品项目间的相关度，还可以根据企业或机构的实力状况开发新的品牌及进行品牌延伸。

最后，采取有针对性的营销策略。从营销学的角度分析，需求是"已被感受到的缺乏"。人们在缺少某件东西时并不会必然产生需要，只有相关的需求被认识到，才会产生相应的驱动力，因此文化旅游营销首先应刺激和引导这种可能未被人们认识到的需要。由于文化旅游是一种既能产生经济效益，又能产生社会价值，由旅游主体的文化动机激发（这种动机会受到外界刺激且有可引导性）而购买的消费性体验产品，因此其采取的营销策略应包括服务型营销、驱动型营销、社会性营销以及全面营销。

三、文化旅游对城市文化发展的意义

（一）带动旧城区，保护城市文化资源

不同城市所蕴含的历史文化各不相同，这使得当下大多数城市总是偏向以自身特有的历史文化为基础开展文旅活动，在这种情况下，凝聚了一座城市大多数历史文化资源的老城区变得尤为重要。人们通过保护、开发城市的老街区与老建筑开展了独特的文旅项目，而大量游客的到来，又为城市的老城区注入了新的活力与生机。纵观西方城市的发展历史，我们不难发现，城市建设者们逐渐以保护城市历史遗存、传承城市文脉的新思想代替了曾经大拆大建的旧理念，越来越重视在综合考虑各方利益的基础上可持续地建设发展城市，而不仅仅是在物质层面衡量城市的发展水平。

对于老城区的更新问题，有学者认为，老城区的更新应当在社会、经济与物质三个方面进行，适当地开展文旅活动既能保护城市历史遗存，又能为城市经济的发展培育新的增长点，还能促进社会良好文化氛围的营造；既有利于当地居民，又有利于游客。如今，人们对旅游经济潜力有了更加深入的认识，因此保护历史遗产与自然风景在人们看来是一种投资行为，而且相关研究显示，旅游对保护、激励发展中地区起到了重要作用。通过旅游开发，这些具有丰富历史遗产的城市能够得到更多的资金支持，从而得以加大对遗产遗址的保护，当地城区还可以通过重新分配这些资金来促进社会经济条件的改善。发展文化旅游还可以丰富人们的文化生活内容，因文化旅游开发而建立起的各种各样的文化场馆及其文化资源，不仅能够吸引外来游客，还能作为公共的休闲场所满足本地居民的文化生活需要。例如：前往话剧院观看话剧，参加各种各样的绘画展览，通过文化节丰富自身文化活动，等等，都极大满足了人们的休闲生活需要，丰富了人们的业余活动。

值得一提的是，发展文旅产业固然有利于提高人们对文物保护的重视以及塑造城市历史感，但通过对人类社会学的研究我们可以发现，文化及其内涵累积于社会不断发展与变化的过程之中。当现代与传统两种不同文化产生矛盾与冲突时，居民有自由选择生活方式与先进文化的权利。因此，协调处理好各个利益相关方之间的关系是实现文旅产业可持续发展的重要基础。

（二）丰富文化多样性，营造良好社会氛围

安东尼奥·保罗·罗素（Antonio Paolo Russo）对于威尼斯的案例研究表明，促使游客到访的主要原因在于城市本身和它特有的氛围环境，而不是单个的景点。马丽亚·杨森·弗比科（Myriam Janse-Verbeke）和埃尔斯·利维斯（Els Lievois）指出，历史景观作为一种吸引要素，可能远比实际发生在这种环境中的活动重要。开展文化旅游活动不仅能够促进不同群体间多元文化的交流与融合，提供良好的文化氛围与物质基础以推动城市文化空间的营造，还有助于保护当地一些即将失传、消失的工艺技术与艺术形式，帮助其得以继续传承与发展。多姿多彩的文化生活满足了人们对学习的向往与追求，开阔了人们的眼界，提高了人们的综合文化素养。优良的文化氛围还使得居民对生活在这样的城市产生骄傲之情，有助于整体提高居民的城市自豪感，推动了城市文化品牌与形象的建设。

文化旅游为社会环境提供了良好的文化氛围，同时安定和谐的社会环境又保障了文化旅游的开展，这表明文化旅游与社会环境间有着互相推动的关系。文化旅游有脆弱性的特点，容易被战乱、疫病与自然灾害等社会事件所影响，其正常开展需要和谐而安定的社会氛围以及优良、稳定的社会环境。只有满足了人们的基本生活需求，实现了社会环境与秩序的和谐稳定时，人们才会选择通过文化旅游活动满足自身更高层次的精神文化需要，文化旅游生产才能平稳进行。

（三）拓展城市新功能，提高综合竞争实力

1. 发展文化旅游业能够拓展城市功能

城市在政治生活、经济生活与文化生活中所发挥的作用与履行的职责被称为城市功能。城市的功能按照其作用范围、辐射等级的不同，可分为一般功能和专项功能。一般功能是指每个城市都具备的、服务于本地居民的职能，如：安全、交通、商业、行政、文化，等等；专项功能主要指城市在区域或城市间向外提供的突出性职能，一般具有有效的地域作用范围，如：国际性或区域性的工业城市、金融城市、文化城市、旅游城市、港口城市、行政首都、省会，等等。城市功能的本质在于实现物质、资金、能量、信息、智力和人口等循环的扩散与集聚，从而产生强大的集聚经济效应。城市的功能应当作为一个有机整体发挥这种聚集经济效应与辐射扩散效应，而不仅仅是简单的求和。

作为城市功能的重要组成部分，城市旅游供给具备提供综合性服务的作用，它是一种系统化的服务体系，整合统一了城市中的商业、文化、交通、服务、接待等多种行业功能。从城市功能的角度来看，文化旅游的发展逐渐改变了原本单一的城市功能，使其呈现多元化发展态势。就普通城市来说，文化旅游的开展促使城市兴建了诸如科技馆、话剧院、博物馆、艺术馆等文化设施，有利于增强城市金融、服务、交通等行业的接待能力，进而使得城市进一步强化提升了科学、教育、文化、旅游等方面的功能。就传统型旅游城市来说，相对陈旧的文旅设施会随着文化旅游活动的不断开展而受到更新与维护，既吸引了游客，振兴了旅游产业，又赋予了城市旅游产品新的内涵。一些学者指出，我们应从广义和狭义两方面定义大都市的旅游功能。从广义的职能范畴来看，在区域旅游活动或全球旅游活动中，大都市起到的作用和履行的职责以及产生的效能被称为大都市的旅游功能；从狭义角度上，大都市旅游功能则是指在非本地旅游者的旅游活动中，大都市起到的作用和履行的职责以及产生的效能。前者着重于在客源地、中转地、目的地三个角度考察大都市的旅游功能强度，而后者则主要是从接待的角度，即从旅游中转地和目的地的功能方面对大都市旅游功能的强度加以考察。

2. 发展文化旅游业能够提升城市形象

城市形象是人们对于某一城市的第一感官印象。良好的城市形象就像一张精美的城市名片，不但会吸引外地游客产生到该城市旅游的热切向往，而且有助于本地居民的市民身份认同，形成良好的文化归属感。城市形象与旅游业发展存在着一种必然的、相辅相成的关系：旅游有助于城市形象的美化与宣传推广，而良好的城市形象能够对旅游者产生更大的吸引力。对于城市形象来说，文化旅游既有利于提升城市的视觉形象，又能促进城市文化品牌的发展。

从提升城市视觉形象的角度来看，随着文化旅游的开展，城市中建筑的设计、街区的规划与布局等显性因素要与城市特定的文化氛围协调统一，诸如建筑物的层数、文化感、风格等细节在城区建设中越来越重要。旅游活动的开展还推动了城市中星级酒店、特色商业街、艺术场馆的建设，既促进了城市功能趋于完善，又促进了城市形象的提升。文艺演出、文化展会等活动因文化旅游的开展而愈发活跃，文化旅游在给城市带来更多物质财富的同时拓宽了外界了解该城市发展的渠道，创造了良好的社会效益。

从促进城市文化品牌发展的角度来看，文化旅游的开展有利于城市良好文化氛围的形成，而优良、活跃的文化氛围既能促进城市形象的塑造，又能将蕴藏在城市中的不同文化要素加以融合，形成独有的城市印象，让每一个到访的游客都能感受到不同于其他城市的文化韵味。例如：一说到杭州，人们就会联想到西湖、灵隐寺、宋城，脑海中浮现出粉墙黛瓦、小桥流水的江南水乡；一说到北京，人们就会联想到故宫、长城、颐和园，脑海中浮现出金碧辉煌、宏伟壮观的帝王古都。伴随着文化旅游的开展，城市文化得以凝聚，促进了城市文化品牌的形成与发展。

3. 发展文化旅游业能够提高城市综合竞争力

城市竞争力是指在社会、经济、文化、环境等各个方面，综合运用各种指标评判出来的城市吸引、促进、获取、利用各种资源来进行发展的能力。要想提升城市竞争实力，仅仅依靠产业、经济等硬实力是远远不够的，文化、科教、社会环境等软实力同样重要。杨·范·德·博格（Janvan der Borg）认为，文化水平是影响区域竞争实力的重要因素，因此要想提高区域整体竞争实力，出台提升区域文化水平的政策必不可少。通过科学合理的运用，文化资源可以转化为更绿色环保、方便出口的文化资本，在有效促进城市间跨区域合作的同时也带动了地区经济的发展。文化旅游的开展既能为当地带来颇多的物质收益，促进当地财富水平与经济能力的提高，又能改善当地的市容市貌，为当地文化的繁荣注入新的活力，增加当地就业岗位的数量，树立良好的城市形象等。如今，衡量一座城市的综合竞争水平时，重点考量的内容就是该地区的旅游发展水平和竞争力。区域旅游竞争力既会影响当地旅游业的经营与发展，又会对当地整体的文化、科教、经济、生态等方面的竞争力带来影响。

第三节 城市文化视角下文化产业与旅游产业融合发展的对策

一、城市文化旅游产品的建设

广义上的产品框架概念认为，不管是无形的体验或服务还是有形的商品，终究是面向消费终端的供给方式的高度总结。全面的质量管理自始至终追求的都是为顾客创造价值并提高顾客的满意程度，使得产品效能优于顾客的期望。然而，从产品的角度来看，提高产品品质与价值是基本要求，更关键的是要重视品牌效益，以及包含产品营销与组合在内的产品扩展在产品管理中的重要作用。

（一）产品品质的提升

1. 文化旅游产品的真实性

文化旅游产品的核心价值在于为旅游者提供的独特体验，而体验的获得是一种将身心各方面，如听、观、感、品、嗅等各类感官体验高度综合在一起的心灵感觉。故而追求提升旅游体验的质量应当贯彻整个旅游活动，甚至向旅游活动的相关辅助与设施延伸，以保证文化旅游体验整体的完整与连贯，而不是仅仅片面地着眼于旅游产品的某个部分亦或者某几个部分。体验的真实性往往是学者们关注的热点问题之一，有学者认为旅游活动的开展会使目的地舞台化，并对其真实性产生怀疑。所有的文化事物都有其特定的存在背景及用途，有些场所和文化空间还发挥着其本职作用，但随着历史的更迭，有些事物更多地是作为一种象征意义存在，比较典型的是各种传统祭礼以及一些民俗节事。虽然文化旅游强调的是深入体验目的地的文化社会生活，但是受时空条件限制，当地社会生活的方方面面不可能完整无缺地呈现在游客面前，舞台化的删减和呈现有时是十分必要的。文化本身就是一个发展着的事物，是随着社会条件的变化而变化的。只要游客认为自己获得真实体验，达到了预期效果，并且当地所作的改动并不荒诞，那么这种文化事物的真实性其实可以不必深究。

2. 文化旅游产品的参与性

在大众旅游的时代，广泛地参与市场是决定旅游发展成败的关键因素之一。与高雅艺术、另类团体等小众文化相比，大众文化强调的是被主流大众普遍接受的，具有普遍参与性、通俗性以及娱乐性的文化事物。机器大生产带来的文化产业化发展使大众文化具备了更高的可消费性，由此带来的文化标准化、商品化改造并不能算作对文化传统的亵渎，而应被视为一种市场经济条件下文化资本转化的有效途径。同样，在文化旅游开展过程中，将目的地的文化资本产品化也是促进文化旅游消费的重要环节。将体验商品化处理会促进安全消费，这样可以为旅游业增加价值，使其产品得以销售。围绕旅游者的需求开发产品可以使资产管理者能对体验加以控制，从而更好地传达他们所期望传达的信息。在旅游活动中，这种扩大参与性与提高魅力值的普遍做法往往体现在节事活动的安排方面。旅游目的地的环境安全性，有"环境气泡"的特点。环境气泡指的是一座文化或者环境意义上的"防护墙"，它用游客熟识的事物将其包围，从而降低游客在旅游目的地的相关安全风险与陌生感。环境气泡对于开放型的文化探险者以外的其他人群都有存在的必要性，只是程度有所不同。越倾向于开放型性格的人融入陌生环境的能力越强，反之则越差。如果通过团队出行或者建立旅游区域等隐形的方式将旅游者同目的地环境半隔开来，旅游者就会减少完全暴露于陌生环境中的不安全感，从而能够以更轻松的心情体验当地的文化旅游活动。环境气泡降低了旅游者遭遇不满意体验的风险，同时又促进了文化旅游活动参与度的提高。这也解释了为什么有的人在外出的旅行过程中虽然可以深入腹地进行观光游览，但却更倾向于选择自己经常入住或熟悉的酒店，而不是随意地选择其他宾馆或民宿等安全感相对较低的入住环境。

当然，如果想最根本、最直接地提高文化旅游的参与度，产品价格的改善和个性化的产品细分无疑是最有效的手段。在一些国家和地区，旅游景区景点多以免费开放的公共空间以及相对低廉的门票价格为主，同时市内交通及必备生活设施便利且价格合理，虽然门票价格有限，但文化旅游产业带动了更多娱乐、餐饮、购物等旅游衍生产品的消费，这样能使游客心情愉快，产业链整体带动效果好且回流率高。

（二）产品策略的多样化

1. 产品管理的多样化

通过产品生命周期以及产品市场拓展等方面内容的论述可知，在产品生命周期的不同阶段以及市场需求的实际情况下，产品管理的方式应该是变化、多元的。企业既可以向现有市场推出全新的旅游产品，又可以将现有的旅游产品推广至新的目标市场，甚至在现有目标市场以及现有产品资源的框架下，通过价格杠杆以及不同内容的产品组合进行策略调整，都可能取得完全不同的效果。例如：产业部门根据年龄、收入、性别等差异要素，对不同的目标市场采取购物、观光、度假等不同的产品组合策略，可以收到良好的效果。在需求与供给低下的文化能力不足的区域，城市管理部门与旅游公司应当努力促进当地文化建设能力的提高，通过建设新的文化设施、挖掘原有文化内涵以及大力宣传推介等营销活动，提高自身服务的能力，并以此拓展更丰富的客源市场。在客源需求匮乏但文化资本富足的地区，管理部门与旅游公司应当通过建设基础设施与交通设施提高当地对游客的接待能力，运用适当的营销手段宣传当地文化旅游资源，增加知名度，吸引更多游客，继而完成增强买方市场购买能力的主要任务。对于需求旺盛而供给水平不足的地区来说，相关部门与企业要加强调控游客流量的能力，缓解目的地因需求过旺而引发的居民生活压力与保护文化遗产的压力，可通过开发新的旅游产品、制定相应的营销策略，将过于集中的游客流量分散到压力相对较小的旅游区域。

产品管理中文化旅游品牌的建设同样重要。旅游的产品品牌并不局限于像故宫、长城等单体的旅游产品，而是更多地将城市品牌甚至国家品牌紧密地联系在一起。当然，部分资质突出的单体产品可以成为城市或国家品牌的代表符号。由于并不是所有的文化旅游单体品牌都有实力雄厚的营销推广系统，同时从资金、沟通渠道以及整体性和对外性的角度考虑，文化旅游品牌特别是城市旅游品牌的推广责任主要还是由旅游协会或者政府旅游管理部门承担。

2. 营销手段的多样化

在现代社会中，营销的重要性不言而喻，它不再只是单纯的企业行为，一些非盈利的公共组织甚至城市也在采用营销学的思维进行管理工作。我们了解到，文化旅游是一种以体验为核心、具有社会公共物品属性且需要引导的消费产品。因此，文化旅游的营销应当采取综合性的营销策略，既要包含社会营销与服务型营销，又要兼顾驱动顾客型营销。一方面，文化旅游产品营销要以创新产品引导行业产品的发展方向以及顾客的消费价值观，激发顾客的消费动机，满足顾客的消费需求；另一方面，文化旅游产品营销也需要履行对应的社会职责，实现游客权益、公司利益与社会效益的统一，积极保护当地文化环境，营造活跃的文化氛围，同时把健康积极的价值观念注入到文化旅游活动的过程中，努力实现游客与社区间良性的互动，继而推动社会生活与文化旅游的可持续发展。

在旅游营销活动的开展中，我们也要注重网络社区、自媒体、短视频等各种不同营销媒介的联合运用。传统的旅游宣传方式一般是面向海外游客以及旅游企业开展目的地推介会，投放报刊、电视广告，播放城市宣传片，而在网络社会高度发达的今天，显然电子商务发挥作用的重要性在不断提高，辐射半径在不断扩大。首先，大多数的重点旅游城市都拥有包含城市旅游信息的官方网站，并推出了不同语言的版本，以方便各国游客检索信息；其次，在主要旅游城市的官方网站上，游客既可以通过在线观看城市特色形象影片或下载电子旅游手册的方式，轻松获得各种当地游玩的信息，又可以通过官网链接访问该城市在微博上的主页，增强游客的互动感。在传统媒体方面，所采用的广告投放方式也有了新变化，聘请旅游形象大使可以使目的地的形象更加阳光、时尚，并对青年群体构成强大的吸引力。另外，担当影视作品及热播电视节目的外景地也会给旅游目的地带来意想不到的宣传效果。目前，我国各地丰富的文化旅游资源在国际营销上所采取的战略显然要单调得多，致使我国丰富多彩的地域文化被单一的旅游形式刻板化、浅层化了。因此，旅游开发者和决策者在未来制定旅游发展方案时，应将重点放在如何将固有的深厚文化内涵活化和深层次化上，还要注意充分发挥各地文化圈的产业集群优势。文化绝非孤立产生，这也就决定了文化的发展也不可能是孤立的。只有与之相关的各个要素都发挥出最佳水平时，其集群效益才可能最大。如 Jansen-Verbeke 和 Russo 所指出的那样："旅游活动越聚集，集中的力量就越明显。这种集中已经在全世界被证明是体现旅游目的地竞争力的重要因素，尤其是对城市区域来讲。很多城市休闲活动的空间聚集不仅为旅游者提供了消费的氛围，还产生了很多具有休闲导向的城市景观，而这正是城市复兴的目标。"

二、城市文化旅游行业的建设

（一）创新是产业得以不断发展的灵魂

创新是任何产业发展的不竭动力，而有众多相关者的文化旅游业更是只有构成完整的创新体系，才能有效促进产业的创新发展。

文化旅游产业创新的主体指的是像科研机构、旅游院校、中介、民众、文化旅游企业这样可以直接履行创新任务，且有着社会实体结构的创新要素。创新环境是指文化旅游产业中的创新活动面临着的社会、自然等各个方面的因素交织、彼此作用而产生的有机整体，是创新主体在创新过程中外部因素的总体，既包括诸如信息、知识、资金、人才、技术等社会实体结构，能间接促进创新活动的硬环境，又包括诸如市场环境、文化氛围、文化活力、政策法规、创新投入、教育基础、文化意识等无形的软环境。旅游资源文化不仅是文化旅游产业创新的对象，还是整个创新体系的基础。总而言之，创新主体在肩负创新任务的同时，也是整个文化旅游产业创新系统的主旨。创新环境是文化旅游产业创新的基础，并为其创新系统提供了外部空间。作为文化创新的对象，文化旅游资源系统也在一定程度上影响着创新主体，而创新主体又作用于文化旅游资源系统，从而打造出具有创新性的文化旅游产品，最终推动文化旅游创新的进程。文化旅游产业创新体系的基本框架便在着三者间的相互影响、作用与渗透中产生了。

文化旅游企业在此过程中扮演着把蕴含旅游文化的旅游产品进行加工、包装和销售的生产者角色，文化旅游企业不仅是创新增值过程中最直接的行为主体，还是整个文化旅游创新体系中最关键的经济单元。它分为两个部分，一部分是关于文化旅游的企业与机构，包括出版单位，通信设施公司，影视公司，文化公司及卫生、食品等生活服务类的部门；另一部分是一些通过民间、地方以及历史方面的文化要素谋取利益的直接旅游企业，如：娱乐场所、景区、交通公司、纪念品店、餐馆、旅游公司，等等。竞争的压力和创新所带来的收益最大化是刺激文化旅游企业创新的不竭动力。在各地旅游产品趋同以及产品生命周期的作用下，旅游企业为了更好地生存以及提升自身市场竞争力，不得不在营销方式以及产品上进行创新，而文化创新所带来的领先于竞争对手的梯度经济收益、品牌价值、顾客忠诚度、文化价值收益，又是激励各企业不断自主创新的内在驱动力。

人才作为各创新主体的核心构成要素，在各行各业中均发挥着最本质的创造作用。文化旅游业是一种高文化含量的产业，要发展文化旅游产业，推出高质量的文化旅游产品，产生良好的社会及经济效益，就必须创建一支高素质、高水平的从业人员队伍，即一批高素养、熟悉国际市场准则以及懂得经营、管理文化旅游产业的专业人才。发展文化旅游产业，要突破传统的用人观念，拓展人才渠道，真正做到人尽其才，才尽其用。此外，还应制定配套的人才激励政策，使人才的主动性得到充分发挥。

（二）文化公共部门的重要作用

公共部门是社会秩序的维护者以及公共物品的供给者，能以公共利益最大化为原则，通过行政手段的干预实施集体行为，从而获取个体行动难以获得的合作收益。与文化旅游产业相关的公共部门大体可以分为两种：一种是提供文化资源的公共文化机构；另一种是为行业发展提供基础保障服务的政府机构及其下辖的职能部门。公共文化机构包括博物馆、图书馆、档案馆、艺术中心、群众文化馆、科技馆等不以经济获利为最终目的的服务大众的文化机构。这些公共文化机构以增进社会文化福利为己任，通过文化保护及传播使社会大众能够广泛地享有文化权利。对文化旅游而言，城市的公共文化机构是它的另一个文化产品来源，它们会提供终端的文化旅游产品供旅游者消费。与此同时，公共文化机构也是城市文化环境载体的关键构成因素，城市文化发展水平的重要衡量标准中包含了文化场馆的数量与利用率。

三、城市文化旅游公共管理

（一）文化旅游的公共管理者

政府及行业协会等公共服务部门在政策与行业规范上为产业发展提供了保障，对其发展起到了约束与推动作用。

政府部门作为公共管理的核心，其主要的职能在于运用政策对产业发展进行宏观调控。政府管理部门在对城市文化旅游实施管理的过程中，借助制定相关法律法规、产业政策，一方面可以对旅游发展进行约束，让旅游地居民和游客的权利得到维护；另一方面可以推动该行业实现快速发展，提升营销的力度与其行业地位，进一步促进行业的可持续发展。政府部门可以从直接隶属关系上分为文化旅游行政管理部门和当地政府；从纵向层次上又可以依照行政等级分为国家至城市各个不同级别。各级旅游部门及其等同机构需要在文化旅游业发展的过程中积极履行政府职能，管理旅游方面的具体事务，它的作用主要包括：一是营造合理的制度氛围，并以此来实现文化旅游的稳定发展；二是为人民提供行之有效的服务，推动文化旅游业实现高速发展，建立行业和政府之间、行业彼此间的互动平台。其中包含：市场调研收集信息，并将结果分享给各个旅游企业，对各地的促销工作实行统筹管理，在充分了解市场发展的情况下，对旅游产业的内部调整提出建议；进行设计开发，检查区域范围内新建设旅游项目的规划建设、创意内容；对行业实施管理，以相关法律法规为依据，对区域内所有的旅游活动进行引导、检查；负责业务培训，即对区域范围之内的服务人员、技术人员、企业管理人员定期进行业务培训。各个级别的政府在文化旅游管理过程中的作用主要表现为：通过进行战略规划推动文化旅游的基础建设，以法律为基础对旅游行业进行管理，营造良好的市场氛围，在政策上对行业进行宏观调控，维护好文化旅游的发展环境。这其中立法及公共政策引导是政府最常采用的管理方法。

非官方或半官方性质的行业协会是区域或整个行业的代表者，起到联通企业和政府的桥梁作用，可为行业发展提供监督、协调、咨询、沟通、统计、社会营销等服务，是对政府产业宏观调控的有力补充，其目的是促进行业的自律和规范发展。与文化旅游相关的非官方组织包括旅行社协会、酒店行业协会、旅游协会等旅游行业协会，文物保护协会、艺术家协会、文化产业协会等文化领域协会，以及商业协会等行业促进组织。

至于政府部门和非政府组织在产业发展中究竟谁占主导，则要依据具体的情况判断。在发展旅游行业的过程中，我们可以参考国外的案例和不足，避免出现多头管理的情况，要充分发挥调控作用，坚持一定的原则，对现有的制度、构想进行健全并持续支持。

（二）政策管理的双刃剑

公共政策是各方利益相关者相互妥协的最终产物，任何一项公共政策的制定都需要经过严格的科学论证，尽量保证各利益主体享有权利的公平性。为了达到控制旅游对当地文化遗产的冲击、保障旅游体验质量及促进旅游业发展的目的，政府往往会从调控旅游者、规范产业以及规范城市等角度出发，出台相应的政策来加以管理。另外，一些其他的经济政策，如增加公共支出和社会项目等也可能会间接地对文化旅游产生作用，或者促使全新的区域文化身份形成。从实际效果来看，多数政策都能有效地改善旅游发展环境质量。当政府和其他政策制定者将集群、旅游和文化遗产当作孤立的个体看待，并将它们独立于现存的地域和集体资本来处理时，往往会形成集群竞争。所以，相关部门在制定文化旅游制度时要充分结合旅游地的实际情况以及主要目的，不仅要符合各方的利益，还应具备一定的可持续性、预见性与连贯性，遵循相关的法律法规。

参考文献

[1] 刘祥恒. 旅游产业融合机制与融合度研究 [D]. 云南大学，2016.

[2] 冯晓棠. 文化产业融合发展研究：投入产出分析视角 [D]. 山西财经大学，2016.

[3] 朱海艳. 旅游产业融合模式研究 [D]. 西北大学，2014.

[4] 张亚丽. 我国文化产业发展及其路径选择研究 [D]. 吉林大学，2014.

[5] 刘祥恒. 旅游产业融合机制与融合度研究 [D]. 云南大学，2016.

[6] 林玉香. 我国旅游产业与文化产业融合发展研究 [D]. 沈阳师范大学，2014.

[7] 辛欣. 文化产业与旅游产业融合研究：机理、路径与模式 [D]. 河南大学，2013.

[8] 钟晟. 基于文化意象的旅游产业与文化产业融合发展研究 [D]. 武汉大学，2013.

[9] 刘雅珊. 京津冀文化产业与旅游产业融合发展研究 [D]. 北京交通大学，2019.

[10] 李明. 西安文化产业与旅游产业融合发展研究 [D]. 西北师范大学，2015.

[11] 谌可佼. 重庆旅游产业与文化产业融合发展的研究 [D]. 重庆工商大学，2013.

[12] 谢亚云. 乡村文化与旅游产业融合发展研究 [D]. 山西师范大学，2020.

[13] 刘洋. 文化旅游与城市经济协调发展研究 [D]. 西北大学，2016.

[14] 刘安乐，杨承玥，明庆忠，张红梅，陆保一. 中国文化产业与旅游产业协调态势及其驱动力 [J]. 经济地理，2020，40（06）：203-213.

[15] 刘春济，冯学钢，高静.中国旅游产业结构变迁对旅游经济增长的影响[J].旅游学刊，2014，29（08）：37-49.

[16] 张朝枝，朱敏敏.文化和旅游融合：多层次关系内涵、挑战与践行路径[J].旅游学刊，2020，35（03）：62-71.

[17] 马勇，童昀.从区域到场域：文化和旅游关系的再认识[J].旅游学刊，2019，34（04）：7-9.

[18] 宋子千.从国家政策看文化和旅游的关系[J].旅游学刊，2019，34（04）：5-7.

[19] 李树信，张海芹，何春燕.产业生态学视角下文旅融合产业链的构建与培育路径[J].泰山学院学报，2020，42（05）：36-40.

[20] 李树信，张海芹，郭仕利.文旅融合产业链构建与培育路径研究[J].社科纵横，2020，35（07）：54-57.

[21] 王建芹，李刚.文旅融合：逻辑、模式、路径[J].四川戏剧，2020（10）：182-184.

[22] 罗贵萍，王娟.创意打造文旅融合的旅游新概念[J].太原城市职业技术学院学报，2020（04）：42-44.

[23] 贺小荣，史珂珂.河南省旅游产业与文化产业融合发展时空演变研究[J].经济论坛，2019（11）：125-135.

[24] 孔永和.旅游产业与文化产业融合发展的路径选择——以河北省为例[J].社会科学论坛，2016（10）：240-244.

[25] 陈玉梅，李新英.乡村振兴战略下四川省旅游产业与文化产业融合发展研究[J].四川旅游学院学报，2021（06）：65-69.

[26] 车洁.乡村振兴背景下文化与旅游产业融合发展路径研究[J].普洱学院学报，2021，37（04）：35-37.

[27] 张平，杨贵玲.新型城镇化背景下乡村旅游产业发展研究[J].安徽农业科学，2020，48（19）：136-138.

[28] 李静.乡村地区旅游产业与当地特色文化产业融合研究[J].旅游纵览，2020（11）：154-156.

[29] 詹艳.新常态下乡村旅游与文化创意产业融合发展研究[J].现代商业，2018（03）：41-42.

[30] 张春莲 . 乡村旅游产业融合发展模式与机制研究 [J]. 宿州教育学院学报，2017，20（04）：24-25.

[31] 于志勇，郭子文 . 城市文化与旅游产业融合发展探究——以天津市滨海新区为例 [J]. 领导科学论坛，2019（21）：29-33.

[32] 郭立东，沈山 . 资源型城市文化旅游产业发展竞争力研究——以山东省济宁市为例 [J]. 煤炭经济研究，2018，38（12）：49-54.

[33] 朱冠梅，朱本利 . 浅议城市文化旅游产业发展的根本驱动力 [J]. 山东行政学院 . 山东省经济管理干部学院学报，2007（06）：72-74.

[34] 王建新 . 推动民族文化与旅游产业融合发展——以包头市"两点一线"项目为例 [J]. 实践（思想理论版），2019（02）：50-51.

[35] 黄雪莹，莫宁 . 多元民族文化与旅游融合发展的路径研究——以巴马长寿养生国际旅游区为例 [J]. 中国商论，2017（16）：62-64.

[36] 阳宁东 . 民族文化与旅游发展演进互动研究——以九寨沟旅游表演为例 [J]. 西南民族大学学报（人文社会科学版），2012，33（04）：141-144.

[37] 王平 . 论民族文化与旅游结合——以恩施州生态文化旅游为例 [J]. 湖北民族学院学报（哲学社会科学版），2011，29（02）：130-134.

[38] 潘顺安 . 民族文化与旅游关系探讨 [J]. 广西教育学院学报，2004（02）：97-100.

[39] 钟晟 . 旅游产业与文化融合发展研究：以武当山为例 [M]. 北京：中国社会科学出版社 .2015.

[40] 梁学成 . 文化旅游产业与城市建设融合发展模式研究 [M]. 北京：中国社会科学出版社 .2019.

[41] 佘曙初 . 区域文化资源与旅游产业经济协同发展研究 [M]. 北京：经济日报出版社 .2019.

[42] 虞华君，陆菁，吴丽作 . 文旅融合的"拱墅模式"研究 [M]. 上海：上海三联书店 .2020.